굉장한 책이다. 이 책은 복음을 사랑하는 한 사람이 교회와 선교 단체에서의 경험에 비추어 현재의 복음 제시 방법들을 비판적으로 반성하고, 개인적 묵상, 학문적 연구 그리고 현장에서의 실험을 통해 좀 더 통전적이고 성서적이며 오늘날 상황에 적실한 복음 제시 방향을 탐구한 결과물이다. 저자는 '하나님 나라의 복음'이라는 핵심 개념을 바탕으로 종횡무진 신약성경의 페이지들을 섭렵하여 매우 설득력 있는 결과물을 제시한다. 그렇게 하면서도 '이것이 정답이다'라고 말하지 않는다. 자신이 제시한 결과물을 두고 독자 스스로 질문하고 탐구해 보도록 격려한다. 글을 읽으면서 복음과 제자도에 대한 저자의 뜨거운 애정을 느낄 수 있었던 것만으로도 큰 기쁨이었다.

김영봉 와싱톤사귐의교회 담임목사, 「시편의 사람」 저자

책을 읽을 때 밑줄을 그어 놓으면 편리하다. 중요하다 싶은 문장을 쉽게 찾아볼 수 있기 때문이다. 그러나 한 번 줄을 긋고 나면 관심이 그 안에 갇혀 버리는 부작용이 있다. "예수 믿고 천국 가자"는 복음 전도는 틀린 것이 아니다. 빈약할 뿐이다. 성경 안에 이렇게 풍성하고 아름답고 큰 이야기가 있는데, 우리는 선배들이 예전에 밑줄 그어 놓은 부분만 붙잡고 살아왔다. 복음을 설명하는 강의나 책을 보면 대개 그 '빈약한 핵심'에 개인의 경험과 예화를 잔뜩 버무려 놓은 식이 많다. 처음 예수 믿을 때는 도움이 될 수 있으나 하나님이 약속하신 풍성한 삶을 살기에는, 이 세상을 향해 책임 있는 그리스도인으로 살기에는 턱없이 부족하다. 복음의 전모가 궁금하다면, 하나님의 통치가 우리 삶에 어떤 의미가 있는지 알고 싶다면, 성경의 이야기가 오늘 나에게 어떤 실천을 요구하고 있는지 알고 싶다면, 이 책을 읽으라. 복음 안에 길이 있다. 이 책은 차근차근히, 그리고 친절히 그 길을 안내해 줄 것이다.

박영호 포항제일교회 담임목사, 「우리가 몰랐던 1세기 교회」 저자

이 책은 마치 천체 망원경이 밤하늘에 숨겨진 별들의 비밀을 드러내듯, 하나님 나라의 복음을 단순한 윤곽이 아닌 그 심연까지 파고든다. 저자는 복음을 피상적으로 바라보는 시각을 거부하고, 그 안에 감추어진 섬세한 진리들을 꿰뚫어 보며, 이미 우리 안에 임한 하나님 나라를 실감하도록 이끈다. 그 하나님 나라는 더 이상 먼 곳에 있지 않다. 성령을 통해 지금 이 자리에서 충만하게 누릴 수 있는 실재임을 강력하게 선포한다.

C. S. 루이스가 『영광의 무게』에서 연필 스케치와 실제 풍경의 차이를 비유한 것처럼, 저자는 복음의 '굵은 선' 뒤에 숨겨진 하나님 나라의 '원본 그림'을 생생하게 펼쳐 보인다. 복음에 대한 개념적 설명을 넘어서, 실재하는 하나님 나라의 경험으로 우리를 초대한다. 이 책은 '이미와 아직'의 긴장을 넘어, 지금 이 순간에도 하나님 나라가 성취되었으며, 그 실재를 우리의 일상에서 온전히 체험할 수 있음을 강조한다.

이 책은 단순히 복음의 이론을 넘어서, 20세기 복음주의 교회의 한계를 뛰어넘고, 우리가 놓쳤던 생수를 성경의 깊은 우물에서 길어 올린다. 교리와 사변의 틀을 깨고, 삶의 한복판에서 하나님 나라가 어떻게 살아 움직이고 있는지를 설득력 있게 증언한다. 이 책을 읽는 독자는 하나님 나라의 신비와 깊이를 일상 속에서 한껏 누리며, 제자도의 삶을 더욱 열망하게 될 것이다.

송용원 장로회신학대학교 조직신학 교수, 『사이에서』 저자

하나님 나라
복음과
제자도

IVP(InterVarsity Press)는
캠퍼스와 세상 속의 하나님 나라 운동을 지향하는
IVF(InterVarsity Christian Fellowship)의 출판부로
생각하는 그리스도인을 위한 문서 운동을 실천합니다.

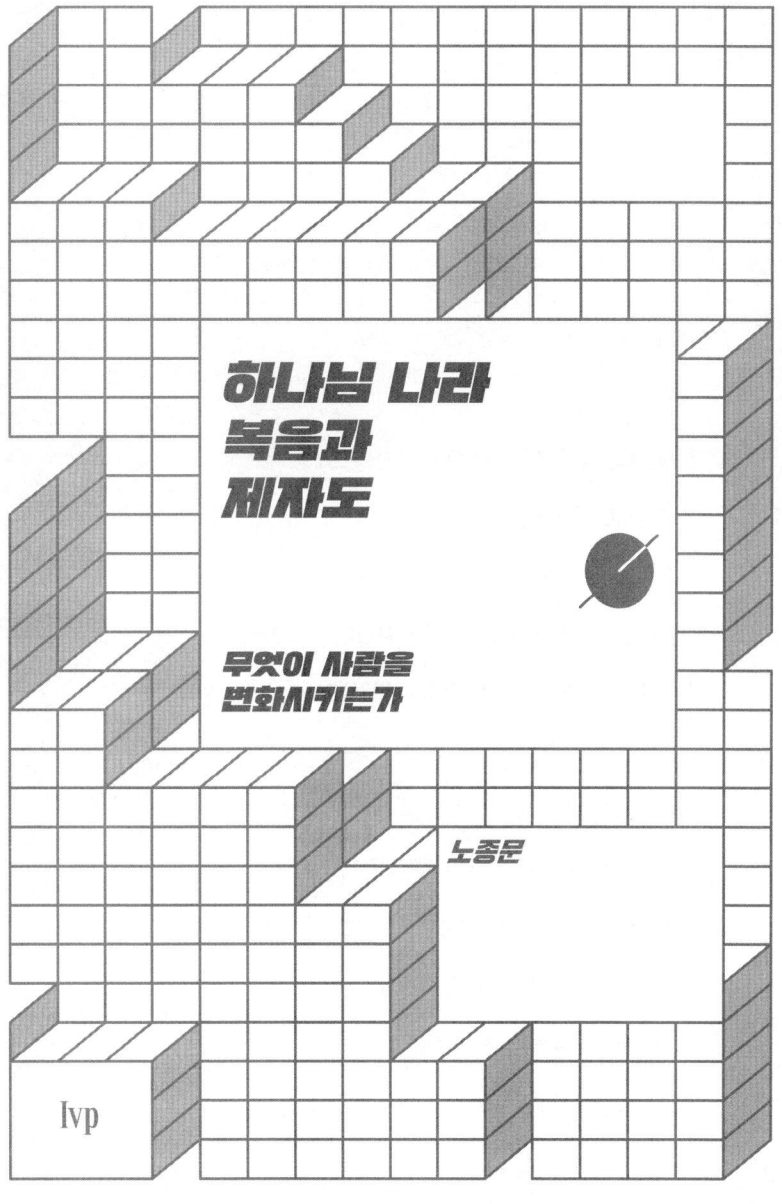

차례

들어가는 말   9

1부 하나님 나라 복음이란 무엇인가

1장 왜 하나님 나라 복음이 필요한가   19

2장 예수님이 선포하신 성취의 복음   27

3장 예수님이 선포하신 해방의 복음 1: 죄 사함   33

4장 예수님이 선포하신 해방의 복음 2: 사탄을 이김   49

2부 예수님의 하나님 나라 가르침

5장 예수님의 하나님 나라 비전과 제자 공동체   59

6장 예수님의 하나님 나라 가르침 1: 씨 뿌리는 자의 비유   69

7장 예수님의 하나님 나라 가르침 2: 종말 설교   79

8장 하나님 나라 복음과 십자가 복음   89

9장 하나님 나라 복음과 부활   103

3부 하나님 나라 복음의 실천

10장 하나님 나라 복음과 제자도　113

11장 하나님 나라 복음과 산상수훈 실천하기　123

12장 하나님 나라 복음과 기도　137

13장 하나님 나라 복음과 전도　151

14장 하나님 나라 복음과 소명　163

나가는 말　175

부록 1 하나님 나라 복음과 치유　179

부록 2 하나님 나라 복음과 거듭남　189

부록 3 하나님의 원대한 계획　199

부록 4 오해하기 쉬운 주요 성경 용어들　211

주　219

일러두기
1. 미주 외 별도의 하단주는 ●와 ▶로 표기했습니다.
2. '헬,'은 헬라어, '히,'는 히브리어의 약자입니다.
3. 본문에 인용한 성경 구절은 특별한 표기가 없는 경우 개역개정판을 사용하였습니다.

들어가는 말

1990년대에 저는 대학생 선교 단체(IVF)에서 캠퍼스 간사로 사역하고 있었습니다. 어느 가을, 친구를 초청하는 모임에서 저는 복음을 설교하기로 했습니다. 학생들은 강의실을 빌려 카페처럼 꾸미고 테이블마다 간식을 준비하고 비신자 친구들을 데려왔습니다. 처음에는 약간 어색했지만 프로그램이 진행되자 분위기는 금세 유쾌하고 따뜻해졌습니다. 제가 설교할 순서가 되어 앞으로 나가 학생들을 쳐다보니, 특히 친구를 데려온 학생들이 기대 가득한 눈빛으로 저를 빤히 바라보고 있었습니다. 지금도 그 장면이 생생하게 떠오릅니다. 당시 제가 어떻게 복음을 전하고 비신자 친구들에게 예수님을 믿으라고 설득했는지 잘 기억나지 않지만, 학기마다 한 번씩 그런 모임을 가질 때면 기도를 많이 하고 유독 긴장하면서 메시지를 준비했던 기억이 납니다.

당시 복음 설교를 준비하면서 유명한 목사님들이 어떻게 복음을 설교했는지 살펴보기 위해 시내에 있는 기독교 서점에 가

보았습니다. 그 시절은 모든 유익한 정보가 서점에 쌓여 있던 때였습니다. 관련 서적이 그리 많지는 않아서 서너 권을 구입했던 것 같습니다. 그 책들을 읽으면서 외국인이든 한국인이든 설교자들이 복음을 전할 때 공통점이 있음을 알게 되었습니다. 즉, 메시지의 내용이 구원 교리를 설명하는 부분 10-20퍼센트와 예화들 80-90퍼센트로 이루어진다는 점이었습니다. 예화들이 흥미롭거나 감동적이면 자연스럽게 설교에 귀를 기울이게 되고 인상에도 깊이 남을 것 같았습니다. 그런데 복음의 핵심인 구원 교리를 직접 설명하는 부분은 왠지 내용이 천편일률적이고 빈약해 보였습니다. 뭔가 이상한 느낌도 들었지만, 당시에는 그런 모범을 따라야 한다고 생각했습니다. 청중이 대학생임을 고려하여 예화들은 바꾸었지만, 저도 비슷한 스타일로 준비해서 복음을 전했습니다.

1990년대는 젊은 복음주의자들 사이에서 하나님 나라 복음에 대한 관심이 많았던 때였지만, 실제로 전도할 때는 하나님 나라 복음과는 별로 상관없이 이전 설교자들의 방식이나 기존의 복음 요약 도구들을 사용하여 복음을 전하고 있었습니다. 유명한 개인 전도 도구였던 CCC의 「사영리」나 네비게이토의 「다리 예화」에 나오는 내용과 하나님 나라 복음의 내용이 어떻게 달라야 하는지 몰랐습니다. 복음이 중요하다는 것과 복음을 깊고 풍성하게 이해하는 것이 신앙생활의 토대라는 믿음은 있었으나, 정작 그 복음에 대해 성서학계에서 어떤 새로운 발전이 이루어지고 있는지는

알 수 없었습니다.[1]

7년간의 캠퍼스 사역을 마치고 1999년 신학대학원에 진학했을 때, 저의 관심사는 "복음이 어떻게 사람을 변화시키는가?"라는 문제였습니다. 지금도 사역자들을 만나면 자주 듣는 푸념 섞인 말이 있습니다. "사람이 참 잘 안 변한다"라는 말입니다. 현장의 어려움과 고민이 묻어나는 말인 것 같습니다. 저 또한 '몸이 아프면 병원에 가서 의사에게 진단받고 처방받으면 상태가 금방 바뀌는데, 영적인 영역에서는 그러한 확실한 진단과 처방이란 존재할 수 없는 것일까? 영적인 문제에 대해서도 정확히 진단하고 구체적으로 처방할 수 있다면 신앙 문제로 어려움을 겪는 사람들에게 큰 도움을 줄 수 있을 텐데…'라는 생각을 하고 있었습니다.

이러한 문제의식에 기초한 결과, 신학대학원에서는 자연스럽게 영적인 체험을 다루는 영성학에 관심을 가졌습니다. 이후로 여러 가지 기도 방법과 영성 훈련 방법을 나름대로 경험해 보고, 영성 지도(spiritual direction)도 받고, 관련 도서를 읽고 번역도 하면서 영성에 관해 이런저런 공부를 했습니다. 그러고는 좀 더 성경에 기초한 영성적 경험을 추구하고자 하는 바람으로 유학길에 올라 신약성서학 공부를 하게 되었습니다. 2년간의 유학을 마치고 돌아와서는 기독교 출판사(IVP)에서 일하게 되었는데, 성경을 공부할 모든 전문적 준비를 갖추었지만 정작 성경을 제대로 공부할 여력이 없어 수년이 흘렀습니다.

출판사에서 8년간 일한 후 2016년 초, 목회 사역을 준비하고자 출판사를 떠났습니다. 그 시기에 어떤 후배가 제게 물었습니다. "간사님은 어떤 목회를 하고 싶으신가요?" 이때 저의 대답은, "하나님 나라 복음에 기초한 제자 훈련 목회를 해 보고 싶습니다"였습니다. '그래서 그것을 어떻게 할 계획이냐'고 연이어 질문하는데, 막상 대답하려니 막연한 느낌이 들어서 좀 더 철저한 준비가 필요하다는 생각이 들었습니다. 그래서 하나님 나라 복음에 기초한 제자 훈련이 구체적으로 어떤 모습이 되어야 하는지 구상하기 위해, 과거 제자 훈련의 사례들을 살펴보았습니다. 그리고 20세기 제자 훈련 운동의 아버지라고 할 수 있는 네비게이토선교회의 도슨 트로트맨(Dawson Trotman), 한국의 제자 훈련 운동 선구자였던 옥한흠 목사, 하나님 나라 복음에 기초해 제자 훈련을 한 단계 발전시키고자 했던 달라스 윌라드(Dallas Willard), 이 세 사람의 제자 훈련에 대해 공부하고 정리해 보았습니다.[2]

이렇게 제자 훈련 운동을 돌아보면서, 20세기 중반 이후에 성서학 분야에서 축적된 예수님의 하나님 나라 사상에 관한 좋은 통찰들을 좀 더 반영하여 하나님 나라 복음의 내용을 정리해 주는 자료가 필요하다는 생각이 들었습니다.[3] 그리고 그와 관련해 하나님 나라 복음에 대해 가르칠 수 있는 20시간짜리 강의를 만들어 보자는 생각에까지 이르게 되었습니다. 이런 생각은 신학대학원 시절부터 품어 왔는데, 복음에 대해 15분이나 30분이 아니라, 예화들 빼고 순수하게 복음만 20시간 정도 가르칠 수 있는 콘텐츠를 갖춘다면 얼마나 좋을까 하는 상상을 종종 했습니다. 일을 그만둔 상태라, 수개월 동안 집중적으로 성경을 연구하고 관련 도서도 읽을 시간이 있었고, 그해 여름부터 "하나님 나라 복음과 제자도"라는 20시간짜리 세미나를 시작하였습니다. 그 이후로 일반인, 교회, 목회자, 선교 단체 간사 등 다양한 청중을 대상으로 십여 차례 세미나를 진행하면서 내용을 보완해 나갔습니다.[4]

이 책은 그렇게 세미나를 준비하고 진행하면서 정리한 내용을 기초로 삼되 제시하는 방식은 다르게 접근해 본 것입니다. 2018년부터 기독교윤리실천운동의 웹진 「좋은나무」에 하나님 나라 복음을 주제로 글 쓸 기회가 생겨서 3년여에 걸쳐 매월 한 편씩 글을 썼고, 이 책에서는 그 글을 명료하게 고쳐 쓰고 중요한 주제들을 부록에 추가하였습니다. 이 책의 접근 방식은 예수님께 초점을 맞추어 예수님의 하나님 나라 복음 사상과 세계관을 그려보는 것입니다. 예수님의 사상을 온전하게 이해하기 위해서는 복음서만 살펴서는 안 되고, 예수님의 사상이 사도들의 사상에 어떻게 반영되고 적용되었는지도 보기 위해 서신서들도 살펴야만 합니다. 이 부분에서는 주류 성서학자들이 취하는 통상적인 역사적 접근법과는 달리, 저는 신약성경의 저자인 사도들이 예수님의 충실한 제자들이라고 믿고, 사도들의 사상 속에서 적극적으로 예수님의 말씀들과의 관련성을 인식하고자 했습니다.[5]

"하나님 나라 복음과 제자도" 세미나를 진행한 이후 교회들의 초청을 받아 하나님 나라 복음에 대해 설교나 강의를 할 기회가 종종 있었는데, 그때마다 제 마음을 뜨겁게 만들었던 것은 예수님의 말씀을 듣고 싶어 하는 성도들의 반짝이는 눈빛이었습니다. 말씀을 전하면서 종종 이런 생각을 했습니다. "그래, 여기 있는 분들은 모두 예수님을 사랑하기 때문에 이렇게 나와 앉아 있구나. 예수님의 말씀을 듣고 싶어 하고, 예수님에 관해 더 잘 알고 싶어 하는구나." 각 사람의 눈빛 속에서 우리 주 예수님을 향한 사랑의 불꽃을 보게 되면, 그 사랑의 불이 활활 타오르도록 예수님의 말씀을 더 깊이 있고 풍부하게 전하고 싶다는 갈망이 솟아납니다. 모든 설교자들과 성경 교사들이 느껴 보았을 감정입니다. 과거에 예수님의 하나님 나라 복음 사상에 대해 말할 것이 별로 없었을 때는 저의 설교나 강의가 의도는 좋았을지 모르지만, 성경의 사소한 부분을 '발굴'해 과대 포장하여 전하는 침소봉대의 오류에 빠졌던 것 같습니다. 반면, 예수님의 하나님 나라 복음에 초점을 맞추게 된 이후로는, 모든 설교와 가르침의 기회를 예수님의 사상과 말씀들을 다양한 각도로 조명하는 시간으로 삼아야겠다는 소망을 품을 수 있게 되었습니다.

이 책의 독자 중에는 특별히 교회나 공동체에서 가르치는 역할을 맡지 않은 분도 많을 것입니다. 이 책의 첫 번째 목적은 예수님의 하나님 나라 복음의 내용을 일목요연하게 제시하고 그 복음에 근거하여 예수님의 사상과 세계관을 하나의 큰 그림으로 제시하는 것입니다. 예수님이 가르치신 내용 전반이 궁금하거나, 더 나아가 예수님을 사랑하여 그를 따르고자 하는 사람이라면 누구든지 이 책이 제시하는 큰 그림으로부터 유익을 얻을 것입니다. 이 책은 예수님의 사상이라는 건물의 중요한 기둥과 전체적인 생김새 그리고 각 부분을 연결하는 마디 같은 것들을 그려 줍니다. 건물의 세부 사항을 모두 제시하지는 않지만, 이 책이 제시하는 대로 전체 구조를 마음에 한 번 그려 보고 나면, 성경을 직접 읽으면서 나름대로 빈 부분을 채워 나갈 수 있을 것입니다.

또한 이 책은 예수님의 하나님 나라 복음 선포의 목표는 제자 공동체(곧 교회)를 낳는 것이라고 주장합니다. '영혼 구원'이나 '통전적 선교'가 복음 선포의 목표라고 말하는 것도 일리는 있지만, 예수님은 세상의 소금과 빛이 되는 제자 공동체라는 목표를 직접적으로 말씀하셨습니다(마 5:13-16). 따라서 다른 것들은 이 목표의 일부로 이해할 수 있습니다. 즉, 영혼 구원은 제자 공동체 일원으로 부르심의 첫 단계이며, 선교란 선교 현장에서 예수님을 따르는 제자 공동체를 세우는 일입니다. 사회 정치적 참여도 우리 삶의 현실 속에서 제자도를 진지하게 실천하는 일입니다.

그런데 제자도는 당위나 의무를 선언하는 것이 아니라 성령님과 동행하는 가운데 일어나는 변화의 과정입니다. 예수님을 따르는 제자도는 나선형으로 발전합니다. 예수님의 말씀을 듣고,

그 명령을 이해하는 대로 실천하고, 실천한 결과를 돌아보며 성찰하고, 말씀의 더 깊은 의미를 깨닫습니다. 이 과정에서 성령의 주도하심으로 능력과 지혜가 자라고, 우리 또한 사랑과 믿음과 소망으로 성령님의 사역에 협력합니다. 이렇게 성령님과 동행하는 과정에 대해 예수님과 사도들이 어떻게 가르쳤는지를 제시하는 것도 이 책의 중요한 부분입니다.

마지막으로, 「좋은나무」 편집 위원들과 독자들에게 고마운 마음을 전하고 싶습니다. 그분들의 따뜻한 격려가 없었다면 이 글들이 애초에 나올 수 없었을 것입니다. 그리고 오래전 저의 유학 시절 귀중한 재정 후원을 해 주었던 형제자매들에게 감사를 전합니다. 또한 예수님을 따르는 길의 동반자가 되어 준 제자도 소모임과 성경공부 모임의 형제자매들과 재정 후원자들께 특별히 감사하고 싶습니다. 이분들의 사랑과 후원 때문에 제가 이 책의 기초가 된 "하나님 나라 복음과 제자도" 세미나와 성경 연구를 계속해 올 수 있었습니다. 지난 25년간 동고동락하며 사랑과 인내로 섬겨 준 아내에게 감사의 마음을 담아 이 책을 바칩니다.

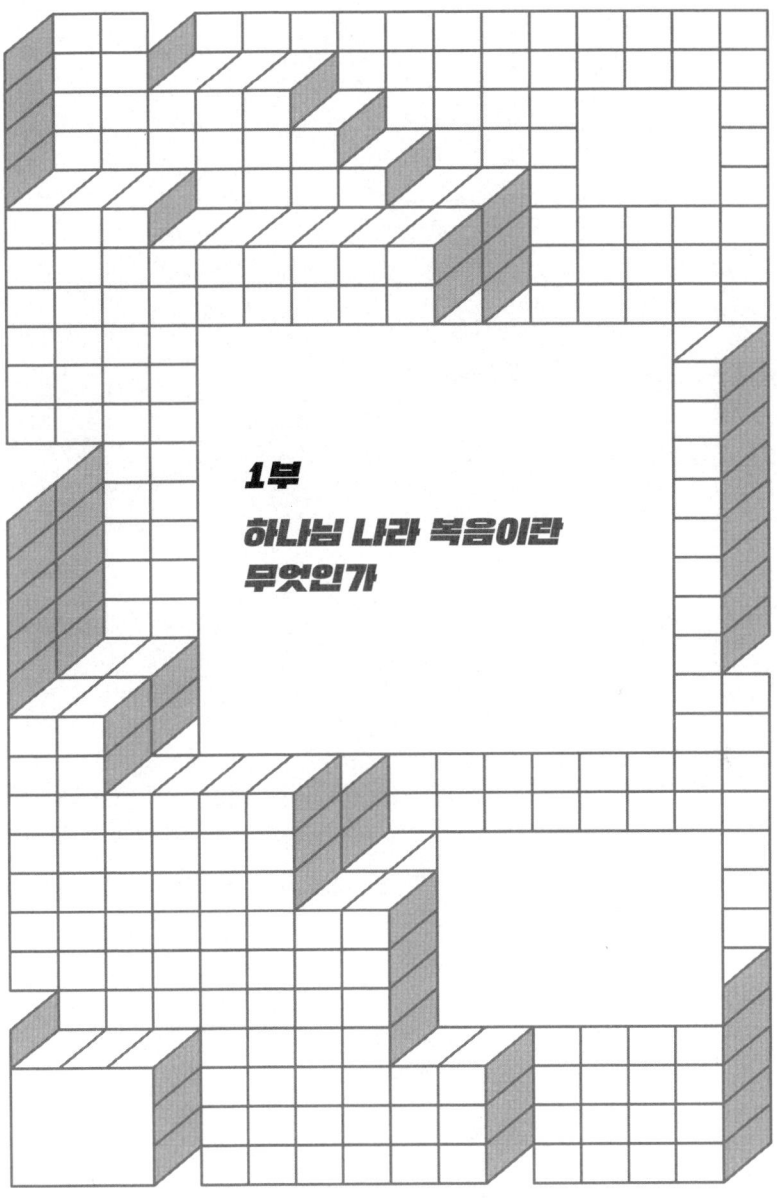

1부

하나님 나라 복음이란 무엇인가

1장 왜 하나님 나라 복음이 필요한가

> 바울이 회당에 들어가 석 달 동안 담대히 하나님 나라에 관하여 강론하며 권면하되, 어떤 사람들은 마음이 굳어 순종하지 않고 무리 앞에서 이 도를 비방하거늘, 바울이 그들을 떠나 제자들을 따로 세우고 두란노 서원에서 날마다 강론하니라. 두 해 동안 이같이 하니, 아시아에 사는 자는 유대인이나 헬라인이나 다 주의 말씀을 듣더라.
>
> —사도행전 19:8-10

사도 바울이 전도 여행 중 에베소에 머물 때의 일을 그의 동역자 누가는 위와 같이 기록했습니다. 저는 이 말씀을 읽으며 두 가지를 주목하게 되었습니다. 첫째로, 사도 바울이 전한 복음의 핵심 주제가 무엇이었는지를 발견했습니다. 사도 바울은 '하나님 나라'에 관해 강론했습니다. 즉, 바울이 전한 복음의 중심 내용은 바로 예수님이 가르치셨던 '하나님 나라'였습니다. 20세기 초에 어떤 신학자들이 '예수님은 예언자로서 하나님 나라를 선포했지만, 바울은 그 가르침을 바꾸어 기독교를 창시했다'는 그럴듯한 주장을 펼쳐서 많은 관심을 끌었습니다.[1] 그러나 사도행전을 기록한 누가는 그러한 의견에 동의하지 못할 것입니다. 똑같은 표현이 사도행전 마지막 부분에 또 나옵니다. "바울이 온 이태를 자기 셋집에 머물면서 자기에게 오는 사람을 다 영접하고, 하나님의 나라를 전파하며 주 예수 그리스도에 관한 모든 것을 담대하게 거침없이 가르치더라"(행 28:30-31).

둘째로, 바울의 에베소 전도가 2년이나 계속되었음을 주목했습니다. 매일 다른 내용을 가르치지는 않았겠지만, 적어도 바울은 하나님 나라에 대해 가르칠 것이 상당히 많았음을 짐작할 수 있습니다. 바울은 10-30분 정도로 복음의 내용을 요약해서 전하지는 않았을 것입니다. 한 지역에서 적어도 몇 개월을, 길게는 2년을 가르쳐야만 복음을 제대로 전했다고 생각했던 것입니다.

오늘날 우리는 복음을 어떻게 받았고 어떻게 전하고 있습니까? 20세기 개신교 복음주의 교회는 복음을 전하기 위한 여러 가지 효과적인 방법을 개발했습니다.[2] 그 방법들은 크게 두 가지로 분류할 수 있습니다. 첫째는 대중 집회이고, 둘째는 개인 전도입니다. 대중 집회에서는 교육 수준이 다양한 다수에게 복음을 전해야 하므로 복음을 최대한 이해하기 쉽게 단순화해야만 했습니다. 이를 위해 설교자들은 제한된 시간 안에 깊은 인상을 남길 수 있도록 흥미로운 예화를 덧붙여 복음 설교를 하려고 노력했습니다. 한편, 개인 전도에서는 짧은 시간에 복음을 전하기 위해 복음을 몇 가지 핵심 교리로 축약하게 되었습니다.[3]

이 두 가지 방법은 놀라운 효과를 내었고, 1960년대 이후 전 세계에서 복음주의 교회는 양적으로 빠르게 성장하였습니다.[4] 이와 비슷한 시기인 1970년대부터 우리나라에서도 도시화의 진행과 함께 교회 또한 급격한 양적 성장을 경험했습니다.[5] 이러한 방식의 전도 성공과 교회의 기하급수적인 성장은 20세기 복음주의 교회의 복음 전도의 내용과 방법이 올바르다고 승인해 주는 것처럼 보였습니다. 그런데 그러한 전도 방법은 복음의 메시지에 막대한 영향을 끼쳤으며, 그 결과 오늘날 우리에게 익숙한 복음은 개인 구원에 초점을 맞춘 몇 가지 명제로 요약된 복음이 되었습니다. 그렇게 되고 나니, 사도 바울이 에베소에서 '2년간 하나님 나라에 대해 강론하면서 복음을 전했다'는 말씀이 오히려 의아하게 느껴집니다. '아니, 복음에 대해 그렇게 가르칠 게 많았단 말인가!'

20세기 복음주의 교회의 성장 기간에 개발된 복음 전도 방법과 그 과정에서 전해진 복음은 성령님의 도구가 되어 많은 사람을 구원하는 데 사용된 것이 틀림없지만, 흠이나 문제가 전혀 없는 것은 아니었습니다. 먼저, 그 복음은 '내가 어떻게 구원을 얻는가?' 하는 질문에만 초점을 맞추었습니다. 반면, 예수님과 사도들이 전한 복음은 '하나님이 세상을 어떻게 구원하시는가?' 하는 질문을 다룹니다. 이 둘의 차이는 마치 천동설과 지동설처럼 관점이 다릅니다. 둘째로, 그 복음은 하나님 나라를 '신자들이 죽어서 들어가는 하늘나라'로 설명했습니다. 반면, 예수님이 말씀하신 하나님 나라는 죽은 후에 가는 곳이 아니라, 지금 우리 주위에 가까이 와 있는 나라요 하나님의 통치였습니다(막 1:15).[6] 셋째로, 그 복음은 예수님과 사도들이 가르쳤던 하나님 나라의 구체적 내용에 대해서는 거의 아무것도 말해 주지 않습니다. 복음 전도의 개념과 방법에 그런 가르침을 위한 내용이나 시간이 포함되지 않았습니다. 그렇게 된 중요한 이유 중 하나는, 복음과 하나님 나라에 대해 말할 것이 별로 없었던 복음주의 신학 전반의 빈약함 때문이었습니다.[7]

한편, 19세기 말 독일의 몇몇 성서학자들은 예수님이 유대교 묵시주의 사상가였다는 주장을 펴기 시작합니다. 그전까지 예수님을 탁월한 인간이자 훌륭한 윤리 교사로, 하나님 나라는 인류가 윤리적으로 성숙하며 이루어 가는 것으로 그렸던 독일의 자유주의 주류 신학에 도전하는 주장이었습니다. 이런 주장 이후로 학자들은 예수님의 사상이 독특한 '묵시적' 하나님 나라 인식에 기초한 사상이었다고 주장하기 시작했습니다.[8] 그리고 이후에 이어진 뜨거운 논쟁을 통해 20세기는 성서학이 예수님의 하나님 나라 사상을 다시 발견하는 세기가 되었습니다.

20세기 초에는 예수님이 선포하신 하나님 나라의 성격이 이미 실현된 것인지, 미래에 올 것인지에 대한 학문적 논쟁이 있었습니다. 이에 대한 중간 결론으로, 예수님이 가르치신 하나님 나라의 성격이 '이미 도래하였으나 아직 완성되지 않은 것'이라는 의미에서 "이미 그러나 아직"(already but not yet)이라는 말이 제시되었습니다. 그 이후로도 20세기 후반과 21세기 초까지 하나님 나라 개념을 중심으로 예수님의 사상에 대해 기술하는 책들이 계속 나오고 있습니다. 앞으로는 예수님의 하나님 나라 사상이 바울이나 다른 사도들이 전한 복음과 어떻게 심층적으로 연관되는지를 밝히는 연구들이 이루어지기를 기대해 봅니다.

성서학에서 일어난 이러한 발전에 자극을 받고, 1980년대 이후 복음주의 그리스도인의 사회 참여에 대한 관심이 불붙기 시작하면서, 한국 교회의 복음주의자들은 자연스럽게 '하나님 나라 복음'에 주목하기 시작했습니다. 그리고 1990년대 중반 이후부터 한국 교회가 성장의 정체기를 맞이하고 현저하게 젊은 세대의 외면을 받게 되면서, 교회는 이런 문제를 극복하기 위해 여러 대안을 모색하게 됩니다. 그러한 대안 추구의 중요한 한 가지 방향도 하나님 나라 복음을 더 깊이 이해하려는 것이었습니다. 20세기 복음이 제시한 프레임이 개인 구원, 사회 참여, 교회의 성숙 등을 모두 별개로 보이게 만들었다면, 하나님 나라 복음은 그것을 통합적으로 볼 수 있는 새로운 프레임이 될 수 있다고 보았기 때문입니다. 또한 '죽어서 천국 간다'는 개인 구원을 최고의 목표로 제시했던 20세기의 복음이 새로운 세대에게는 더이상 좋은 소식이 되지 못했는데, 그렇게 된 중대한 이유는 예수님의 하나님 나라 복음과는 달리 20세기 복음은 하나님의 원대한 구원 계획에 비해 너무도 축소된 비전을 보여 주었기 때문입니다.

요약하면, 20세기 복음주의 교회는 부지불식간에 복음을 '개인이 구원받고 죽어서 하늘나라에 가는 방법'으로 축소해 버렸습니다. 그러나 예수님과 사도들이 전한 복음은 단순히 몇 마디로 요약하게 되면 담는 것보다 버려지는 것이 더 많아지는 메시지였습니다. 이렇게 축소된 복음은 한때 전도를 통한 교회의 양적 성장이라는 성공을 가져다주는 것처럼 보였지만, 그 위에서 안일하게 만족하던 교회는 10여 년 전부터 청장년의 급속한 이탈, 교회학교 소멸, 사회적 신뢰도 추락 등 여러 심각한 한계에 부딪히고 있습니다. 이러한 한계의 근본 원인은 바로 우리의 얕고 피상적인 복음 이해 때문이라 할 수 있습니다. 복음을 아는 지식의 온전함과 풍성함만큼 오늘 우리의 신앙도 더 깊고 온전해질 수 있습니다. 그러므로 우리는 복음서와 사도들의 가르침을 통해 예수님이 가르쳤던 하나님 나라 복음으로 돌아가야 합니다. 그럴 때라야 복음을 더 넓고 깊게 온전히 이해하고 그 안에 우리 삶을 든든히 뿌리내릴 수 있을 것입니다.

함께 생각해 볼 문제들

1 당신이 처음 복음을 듣고 예수님을 믿게 되었을 때, 당신이 이해했던 복음의 내용은 무엇이었는지 떠올려 보라. 지금 당신은 복음의 핵심이 무엇이라고 이해하고 있는가?

2 사도행전에 기록된 베드로 사도의 복음 전도 내용(2:24-41)과 우리가 복음으로 익숙히 알고 이해하고 있는 내용을 비교해 보라. 어떤 공통점과 차이점이 있는가? 차이점이 생기게 된 이유는 무엇이라고 생각하는가? 복음 전도의 방법이 메시지의 내용에 영향을 미쳤다는 저자의 분석에 어느 정도 공감하는지 자신의 생각을 나누어 보라.

2장 예수님이 선포하신 성취의 복음

선지자 이사야의 글을 드리거늘, 책을 펴서 이렇게 기록된 데를 찾으시니, 곧, "주의 성령이 내게 임하셨으니, 이는 가난한 자에게 복음을 전하게 하시려고 내게 기름을 부으시고 나를 보내사 포로 된 자에게 자유를, 눈먼 자에게 다시 보게 함을 전파하며, 눌린 자를 자유롭게 하고, 주의 은혜의 해를 전파하게 하려 하심이라" 하였더라. 책을 덮어 그 맡은 자에게 주시고 앉으시니, 회당에 있는 자들이 다 주목하여 보더라. 이에 예수께서 그들에게 말씀하시되, "이 글이 오늘 너희 귀에 응하였느니라" 하시니···.

-누가복음 4:17-21

예수님이 선포하신 하나님 나라 복음의 가장 큰 특징은 무엇일까요? 그것은 바로 '성취'의 복음이라는 점입니다. 위 본문의 마지막 문장을 직역하면 이렇습니다. "오늘 성취되었다, 너희의 귀 안에 있는(즉, 듣고 있는) 이 글이." 이 문장의 강세는 맨 앞에 오는 두 단어 "오늘 성취되었다"에 있습니다. 복음이 좋은 소식이 되는 이유는 바로 '오늘 성취되었다'(헬라어 완료형 동사)라는 이 부분 때문입니다. 하나님의 원대한 구원 계획이 메시아 예수로 인해 성취되었고,[1] 모든 사람이 그 성취에 참여하도록 바로 지금 은 혜로운 초대가 선언되고 있습니다. 그 말을 마가는 이렇게 요약했습니다. "때가 찼고, 하나님의 나라가 가까이 왔으니 회개하고 복음을 믿으라"(막 1:15). 이 말씀에서 '가까이 왔으니'라는 말도 헬라어 완료형 동사로 표현되었는데, 비유하자면 '하나님 나라'라는 기차가 역으로 '들어오고 있다'는 진행형 상태가 아니라, 그 기차가 역에 '이미 도착해 있다'는 완료형 상태입니다.

1980년대에 들을 수 있었던 '하나님 나라 강의'는 하나님 나라가 '이미 도래하였지만 아직 완성되지는 않았다'라는 명제를 중심으로 하나님 나라의 현재성과 미래성을 균형 있게 설명하려 했던 것 같습니다. 그래서 예수님의 하나님 나라 사상의 내용을 깊이 있게 다루기보다는, 하나님 나라의 도래 방식에 대한 신학자들의 치열한 논쟁을 소개하는 데 그친 것으로 보입니다. 물론 그것은 예수님의 하나님 나라 사상을 본격적으로 탐구하기 위해 필요했던 예비 작업일 것입니다. 그러나 이제는 "이미 그러나 아직"이라는 말이 나온 지도 벌써 60년 넘는 세월이 흘렀으므로, 그 말을 그대로 반복하기보다는 거기서부터 다음 단계로 나아가야 할 것입니다.

예수님이 하나님 나라 복음을 선포하실 때, "하나님 나라는 이미 그러나 아직이다"라고 하시지 않았습니다. 대신에 이런 말씀을 하셨습니다. "나와 함께, 지금 여기에, 하나님의 나라가 와 있다. 너희가 나를 믿으면 지금 즉시 하나님 나라에 들어갈 수 있다." 물론, 이러한 선포를 듣고 당신을 믿고 따르는 사람들에게 예수님은 긴 시간 동안 하나님 나라에 대해 가르치셨습니다. 그런데 예수님의 하나님 나라 복음 선포 중 어떤 부분이 복음, 즉 복된 소식입니까? 그것은 예수님을 믿는 사람들이 예수님을 믿는 '즉시' 하나님 나라를 경험할 수 있다는 부분입니다. 예수님이 행하신 질병 치유와 귀신 축출의 기적도 예수님을 믿는 순간 사람들이 즉시 모든 속박에서 해방되어 하나님 나라에 들어간다는 것을 보여 주는 표지들입니다.² 그러므로 '지금 너희에게 하나님 나라가 와 있다'는 것이 바로 예수님이 선포하신 좋은 소식입니다. 다시 말하면, 하나님 나라의 '이미'와 '아직' 중에서 '이미'를 선포하는 부분이 복음입니다. '아직'은 '이미'를 사후에 보충하는 내용이며, '이미'의 복음을 충분히 누리는 사람들에게 추가로 들려주는 하나님 계획의 세부 사항들입니다.

그런데 '이미'에 대해서만 지나치게 강조하는 것은 위험하지 않을까요? 하나님 나라의 '아직'의 측면을 무시하면 문제가 생기지 않을까요? 그런 경고도 일리가 있습니다. 과거 19세기 유럽의 자유주의 신학자들의 중심 주제도 하나님 나라였습니다. 그들은 하나님 나라의 '이미'를 강조하며 서구 문명과 함께 지상에서 하나님의 나라가 훌륭히 완성된 후 예수님이 오실 것이라고 믿었습니다. 그런데 20세기에 들어서서 두 차례의 세계대전을 거치며 그런 믿음이 산산조각 나고 말았습니다. 그들의 실패 원인은 '이미'를 강조했기 때문이 아니라, 예수님의 하나님 나라 사상을 근대적이고 합리주의적인 당시의 서구 주류 세계관에 맞춰 축소했기 때문입니다.

이러한 역사적 오류를 인식하면서 우리는 예수님과 사도들이 선포한 하나님 나라 복음의 강조점이 '이미'에 있으며 '아직'에 있지 않았다는 점을 신중히 고려해야 합니다. 이는 결코 사고의 균형 문제가 아닙니다. 하나님 나라의 '이미'를 누리지 못한다면, '아직'은 별 의미가 없습니다. 그런 사람에게 복음은 별로 기쁜 소식이 아닐 것입니다. 다시 보면, 하나님의 원대한 계획에서 하나님 나라의 '이미'가 절정 부분이라면, '아직'은 결말로 내려가는 내리막 부분입니다. 따라서 예수님과 사도들의 모든 복음 선포는 당연히 절정 부분인 '이미'에 초점이 맞추어져 있습니다.

오늘 우리가 '하나님 나라가 이미 와 있다'라는 말을 강조해야 하는 또 한 가지 이유는, 지금도 마치 예수님이 오시지 않은 것처럼, 복음 이전 구약 시대에 있는 것처럼 살고 있는 그리스도인이 많기 때문입니다. 그들은 예수님을 믿는다고 하면서도 예수님이 이미 가져오신 하나님 나라의 복을 경험하지 못한 채 어두운 표정으로 풀이 죽어 있으며, 자기 목자를 곁에 두고도 마치 목자가 없는 것처럼 살고 있습니다(마 9:36). 그것이 보편적인 신앙생활이며 다들 그렇게 살고 있다고 생각하면서 말입니다. 만약 주님을 따르고자 끊임없이 애쓰는데도 우리 삶이 이러하다면, 그것은 아마도 우리의 복음 이해에 문제가 있기 때문일 것입니다. 우리가 예수님 말씀대로 살지 못하는 가장 중요한 이유는, 우리의 생각과 세계관이 예수님이 가르치신 하나님 나라 사상과 차이가 있기 때문입니다.

'이미'가 중요하다는 점을 이 정도로 이야기했으니 다음에는 그 '이미'의 내용이 무엇인지를 언급하려 합니다. 즉 다음 장에서는 예수님을 믿는 모든 사람에게 즉시 주어지는 두 가지 선물인 죄 사함과 성령(행 2:38)을 하나님 나라 복음의 관점에서 차례로 살펴보겠습니다.

함께 생각해 볼 문제들

1 당신은 '하나님 나라 복음'이라는 말을 들어 본 적이 있는가? 들어 보았다면 당신은 '하나님 나라'와 '하나님 나라 복음'의 의미를 어떻게 이해하고 있는가? 당신이 배우고 이해한 하나님 나라 복음(또는 단순히 복음)이 당신의 삶에 어떤 영향을 끼치고 변화를 일으켜 왔는지 돌아보고 관련된 경험이 있다면 나누어 보라.

2 예수님은 '하나님의 나라가 이미 와 있다'고 말씀하셨다. 그러나 저자는 "지금도 마치 예수님이 오시지 않은 것처럼, 복음 이전 구약 시대에 있는 것처럼 살고 있는 그리스도인이 많다"고 말한다. 이 말에 대해 당신은 어떻게 생각하는가? 그런 모습이 보인다면, 그 원인은 무엇이라고 생각하는가?

3장 예수님이 선포하신 해방의 복음 1: 죄 사함

"위로하라, 위로하라, 내 백성을."
너희 하나님이 말씀하신다.
"말하라, 예루살렘의 마음을 향해.
그에게 선포하여라.
그의 복역의 기한이 찼고,
그의 죄악이 용납되었고,
그가 야훼의 손으로부터 그의 모든 죄에 비해
두 배나 받았다고!"
-이사야 40:1-2, 저자 사역

해방의 복음

예수님이 선포하신 하나님 나라 복음은 성취의 복음이면서 또한 해방(헬, '아페시스')의 복음입니다. 해방이란 묶인 것으로부터 풀어 주는 것입니다. 이스라엘 사람들이 구약성경에서 이 해방이라는 말을 읽을 때 자연스럽게 떠올리는 세 가지 배경 그림이 있습니다. 첫째는 야훼 하나님이 이집트에서 노예 생활을 하던 히브리 노예들을 풀어 주신 출애굽 사건이고, 둘째는 종 되었던 사람들이 모든 빚을 탕감받고 종노릇으로부터 풀려나 다시 자유인이 되는 희년법(레 25장), 그리고 셋째는 바빌로니아 제국에 포로 되었던 이스라엘을 하나님이 돌아오게 하신 사건입니다.

'해방'이라는 말이 성경에 자주 나타나지 않는 것 같지만, 사실 이 개념은 우리에게 익숙한 여러 가지 다른 성경 단어들 안에 스며들어 있습니다. 먼저, '사함'(헬, '아페시스')이라는 말은 '풀어 줌'을 의미하며 해방과 동일한 말입니다. 그러므로 **죄 사함**은 **죄들로부터 풀어 줌**(즉, 죄들이 낳은 비참한 상태로부터 풀어 줌)을 의미합니다. '사함', '용서', 빚의 '면제', '탕감'이라는 말은 모두 헬라어로는 '아페시스'라는 한 단어입니다.

이에 대응하는 구약성경의 히브리어 단어는 '가알' 동사입니다. 구속이라는 말이 있는데, **묶인 것을 풀어 구해낸다**는 말입니다. 속량이라는 말은 **노예 상태에서 풀어 주어 양민(자유인)이 되게 한다**는 말입니다. 구속이나 속량은 모두 히브리어 '가알' 동사에서 나온 말입니다. 가알 동사의 명사형은 '고엘'인데, 이 말은 희년 제도의 '기업 무를 자'로 번역되기도 하고 '구원자'(savior)로 번역되기도 합니다. 예수님이 자기 목숨을 많은 사람들의 **대속물**(헬, '뤼트론', ransom)로 주시겠다고 하셨는데(막 10:45), 이 대속물이란 단어는 **노예 해방의 대가로 지불하는 값**을 말합니다. 이 모든 말들에 해방('아페시스')이라는 개념이 함께 들어 있습니다. 그러므로 '해방'은 성경의 중심 사상을 담은 단어라고 말할 수 있습니다.

그렇다면 예수님은 인류를 무엇으로부터 해방하셨습니까? 바꾸어 말하면, '예수님은 당신의 지상 사역을 통해 무엇과 싸우셨는가? 어떤 문제를 해결하려 하셨는가?' 하는 질문이 됩니다. 이 질문을 염두에 두고 네 개의 복음서를 처음부터 끝까지 직접 한번 읽어 볼 필요가 있습니다. 그렇게 읽으면서 발견한 것들을 열거해 보면, 두 가지로 축약될 것입니다. 즉, **죄**와 **사탄**입니다. 예수님은 당신을 믿는 사람들은 죄와 사탄으로부터 즉시 해방된다고 선언하시고, 그 해방의 가시적 표지로서 치유와 귀신 축출의 사역을 행하셨습니다. '예수님은 인류를 죄와 사탄으로부터 해방하셨다.' 이것은 예수님의 하나님 나라 복음을 이해하는 데 근간이 되는 중요한 문장이므로, 이 말을 기억했다가 각자 복음서의 본문을 읽거나 연구할 때마다 이 말이 정말로 그런지 아닌지를 직접 확인하고 곰곰이 되짚어 볼 필요가 있습니다.

이 장의 첫 부분에 일부 인용한 이사야 40:1-11은 예수님의 하나님 나라 복음 선포 사역과 직접적인 관련이 있습니다. 예수님의 사역을 소개하는 네 개의 복음서는 모두 예수님의 선구자인 세례 요한의 등장으로부터 이야기를 시작합니다. 그리고 세례 요한은 바로 이사야 40:1-11의 예언을 이루기 위해 '광야에서 외치는 자의 소리'(막 1:3; 사 40:3)가 되라는 부름을 받았고, 이 예언이 예수님을 통해 성취될 것이라고 예고했습니다. 그러므로 이사야의 이 예언은 바로 예수님이 성취하시고 선포하신 하나님 나라 복음의 원형을 보여 줍니다. 이사야의 이 예언은 '복음'(좋은 소식)을 선언하는데, 그 내용은 '하나님의 위로의 때가 왔으며, 예루살렘의 그 모든 죄악이 용서를 받았다'는 것입니다(1-2절). 그리고 '아름다운 소식'(즉, 복음)이 전파될 것이라고 예언하는데(9절), 그 소식의 내용은 다음과 같습니다.

> 보라, 주 여호와께서 장차 강한 자로 임하실 것이요,
> 친히 그의 팔로 다스리실 것이라.
> 보라, 상급이 그에게 있고
> 보응이 그의 앞에 있으며,
> 그는 목자같이 양 떼를 먹이시며
> 어린 양을 그 팔로 모아 품에 안으시며
> 젖 먹이는 암컷들을 온순히 인도하시리로다. (10-11절)

세례 요한이 선구자가 되어 예비한 길 위에서, 예수님은 바로 이 예언(사 40:1-2, 10-11)이 자신과 함께 성취되었다고 선언하시며 그 결과를 직접 보여 주는 사역을 하신 것입니다. 이번 장에서는 먼저 '죄 사함'(사 40:1-2) 부분에 초점을 맞추어 살펴보고, '사

탄'을 이기시는 부분('강한 자로 임하실 것이요'에 암시됨)은 다음 장에서 다루겠습니다.

죄란 무엇인가

죄 사함을 다루기 위해서는 먼저 죄에 대해 생각해 보아야 합니다. 죄란 무엇입니까? 죄만큼 성경에 많이 나오는 말도 없을 것입니다. 구약성경에는 죄와 유사한 의미로 번역할 수 있는 히브리어 단어가 무려 50여 개나 됩니다. 그중 가장 중요한 세 가지 단어는 '하타'(죄: 어원은 빗나감, 실패), '아본'(죄악: 구부림, 악함), '페샤'(범죄: 반역)입니다.[1] 모두 다 죄로 번역할 수 있는 단어입니다. 헬라어로 쓰인 신약성경에서 죄는 '하마르티아'(죄: 빗나감, 실패), '파라프토마'(허물: 넘어짐, 실수), '파라바시스'(범죄: 경계를 넘어감, 위반) 등의 말로 나오는데, 이것은 히브리적 개념을 번역한 말이므로 예수님의 유대적 세계관을 그대로 반영하는 것은 아닙니다. 단순히 이런 단어들의 어원을 분석하는 것만으로는 죄가 무엇인지 정의하는 데 한계가 있습니다. 어원 분석은 그 단어가 지닌 배경 그림과 뉘앙스를 떠올리는 정도로만 활용하는 것이 좋습니다.•

• 죄에 대한 유명한 정의인 '과녁에 빗맞음'이라는 정의는 히브리어 '하타'와 헬라

학자들이 동의하듯이 성경 자체가 죄에 대한 명확한 정의를 제시하지 않으므로 우리도 이 말에 대해 확실한 성경적 정의를 내리기가 어려움을 인식해야 합니다. 그러나 성경을 읽을 때 실제로 사용 가능한 잠정적 정의는 필요합니다. 성경과 관련해서 일반적으로 가장 많이 사용되어 온 죄의 정의는 **율법을 어기는 것**입니다. 단순 명료해 보이지만 이 정의만으로는 성경 본문을 이해하는 데 한계가 있습니다. 그래서 두 번째로 제가 유용하다고 생각하는 정의는 죄를 '의'의 반대 개념으로 보는 것입니다. 그러면 '의'(히, '체다카', '체데크')는 무엇인가요? 이것도 성경적으로 정의하기에 만만치 않은 개념이지만 구약 성서학자들의 학문적 연구의 도움을 받아서, '관계에서 발생하는 의무에 합당하게 행하는 것'과 관련된 말로 이해할 수 있습니다.[2] 더 간단히 말하면, 의란 **언약에 대한 신실함**입니다. 이와 반대로 죄란 **언약에 대한 불성실함, 언약을 깨뜨리는 행위**로 이해할 수 있습니다. 사람들 사이에서는, **관계에서 발생하는 마땅한 의무를 저버리는 것**을 죄라고 말할 수 있을 것입니다. 이 정의는 첫 번째 정의와도 잘 호환되면서 동시에 성경 본문을 읽을 때도 유용한 정의입니다. 다만 절대적으로 옳은 정의가 아니라 잠정적인 정의라는 점은 기

어 '하마르티아'의 어원을 그대로 옮긴 것이다. 학자들도 많이 언급하기는 하지만, 그것이 성경이 말하는 죄의 중심적 개념은 아니다. 단어가 지닌 뉘앙스 정도로만 생각하는 것이 좋다.

억해야 합니다.

로마서에서 바울 사도는 죄를 단수(Sin)로 표현하고 의인화하여 '죄짓도록 얽매는 힘' 정도의 의미로 사용합니다. 이것은 예수님의 말씀 중에서 "죄를 범하는 자마다 죄의 종이라"(요 8:34; 여기서 '죄'는 둘 다 단수형)라는 말씀과 관련이 있습니다. 바울 사도는 복음을 제시하는 과정에서 인간 내면에서 일어나는 죄의 세력으로부터의 해방을 자세히 설명하고자 죄를 의인화된 단수형으로 표현합니다. 반면, 성경의 다른 부분에서는 죄가 복수형 '죄들'(sins)로 나오는 경우가 대부분입니다(우리말 성경은 복수를 단수로 번역한 경우가 많아 영어나 원어 성경으로 매번 확인해야 합니다). 복수로 쓰일 경우에는 죄의 구체적 행위들, 즉 언약을 깨뜨리는 행위들, 율법을 범하는 행위들을 떠올리면 됩니다. 그러므로 단수로 나오는 죄(Sin)는 용서의 대상이 될 수 없는 추방당해야 할 악한 세력이지만(롬 8:3), 복수로 나오는 죄들(sins)은 자백과 용서의 대상이 될 수 있습니다(막 1:4). 또한 예수님이 우리를 '죄들(sins)로부터 구원하신다'는 말씀(마 1:21)은 '구체적 죄들의 결과로 나타난 비참함'으로부터 구출하심을 의미한다고 볼 수 있습니다.

죄에 대한 예수님의 가르침

용어를 살펴보았으니 이제 죄에 대한 예수님의 가르침도 간략히 살펴보겠습니다. 예수님이 죄에 대해 무엇을 가르치셨는지 찾아보기 위해서는 역시 복음서를 전부 읽어 보면서 관련 본문을 뽑아 보는 것이 가장 좋습니다. 그렇게 읽으면 놀라운 것을 발견하게 됩니다. 예수님은 죄가 무엇인지에 대해서는 거의 가르치지 않으셨다는 사실입니다! 아마도 죄가 무엇인지는 모두가 이미 잘 알고 있으므로 새롭게 더하실 필요가 없다고 여기셨던 것 같습니다. 한편, 산상수훈(마 5-7장)에서 예수님은 의에 대해 많은 것을 가르치십니다. 산상수훈의 전체 주제가 '제자들이 추구할 새로운 의'라고 말할 수 있을 정도입니다. 예수님은 제자들이 죄 문제에 천착하기보다는 열심히 의를 추구하도록 가르치신 것으로 보입니다.

그런데 좀 더 넓은 의미에서 죄와 관련이 있는 복음서 본문들이 있습니다. 이런 본문들을 크게 몇 가지 주제로 분류해 볼 수 있습니다. 첫째는, '죄 사함'과 관련된 본문들입니다. 예수님은 죄들(sins)을 사하는 권세가 있고 실제로 사람들을 죄의 결과로 나타난 비참함에서 구출하십니다(막 2:1-12; 눅 7:36-50). 예수님의 십자가 죽음도 많은 사람들이 죄 사함을 얻게 하기 위한 사건입니다(마 26:28). 둘째는, 예수님이 당시의 엘리트 종교인들로부터

'죄인들의 친구'라는 멸시에 찬 별명을 얻을 정도로 죄인들과 자주 어울리시며 식탁 교제를 나누신 장면들입니다. 예수님은 자기에게 나아오는 죄인들을 정죄하지 않고 너그럽게 포용하셨습니다(막 2:15-17; 눅 7:37-50; 15:1-7; 19:1-10). 셋째는, 제자들에게 몸과 마음으로 죄짓는 것을 엄격히 경계하고 죄와 조금도 타협하지 말라고 강하게 경고하신 것입니다(마 5:27-30; 막 9:43-47). 넷째는, 제자들 사이에서 서로에게 지은 죄들을 용서하라고 하신 것입니다(마 18:21-35). 다섯째는, 모든 악한 것들이 속으로부터, 즉 사람의 부패한 마음에서 나온다는 말씀입니다(마 15:17-20; 막 7:18-23; 비교. 마 12:34-35). 이 말씀은 죄를 직접 언급하지는 않지만, 죄의 근원이 되는 부패한 마음을 치유할 새로운 언약 예언(렘 31:31-34)과도 관련되므로 중요한 말씀입니다. 마지막으로, 용서 받지 못할 죄가 있는데 그것은 성령을 모독하는 죄라고 말씀하십니다(막 3:28-29).●

● 성령은 사람들에게 예수님이 하나님이 마련하신 구원의 길임을 표적을 통해 드러내는 일을 하셨다. 그런 성령의 사역을 귀신의 일이라고 말하거나 별것 아닌 사소한 일로 간주하여 성령을 모독하는 것은, 하나님이 제시하신 구원의 기회를 제 발로 걷어차 버리는 것이며 결국 하나님의 죄 사함의 은혜를 스스로 차단하는 일이다. 그러므로 용서받지 못할 죄는 용서받을 기회를 스스로 차단하는 죄라고 이해할 수 있다.

죄 사함의 복음

이제 하나님 나라 복음의 중심 주제인 '죄 사함'에 좀 더 초점을 맞추어 보겠습니다. **죄 사함**(헬, '아페시스 톤 하마르티온')을 문자 그대로 번역하면 **죄들로부터의 해방**입니다.* 여기서 '죄들'이란 죄들의 결과로 초래된 비참한 상황을 의미합니다. 죄 사함이라고 하면 대부분 십자가에서 예수님이 우리 대신 형벌을 받으셔서 우리 죄가 용서되었다는 형벌대속론 교리를 떠올릴 것입니다. 그러나 성경에 나오는 죄 사함이라는 말이 지닌 원래 의미는 배경 그림이 좀 다릅니다. 형벌대속론의 배경 그림이 로마 법정이라면, 신구약 성경이 제시하는 죄 사함의 배경 그림은 출애굽 사건과 바빌로니아 포로의 귀환 사건입니다. 배경 그림을 바꾸어 놓으면 많은 것이 달라집니다. 형벌대속론 교리는 성경에 근거해 신학자들이 발전시킨 성경적 교리이긴 하지만, 성경 본문이 처음 독자

---

* '아페시스'라는 단어는 용서(forgiveness)로도 번역할 수 있다. 그런데 그렇게 번역한 다음에는 오늘날 우리가 용서라는 단어에 부여하는 배경 그림이 원래 단어 '아페시스'(동사로는 '아피에미')가 가진 배경 그림을 덮어 버리지 않도록 주의해야 한다. 성경 용어로서 '아페시스'의 기본 의미는 '묶인 상태에서 풀어 내보내 주는 것'이며, 그 배경 그림은 출애굽, 희년, 바빌로니아 포로 귀환 사건 등이다. 그래서 노예를 해방하거나 빚을 탕감해 줄 때, 이웃의 죄를 관대히 용서해 줄 때에도 '아페시스'라는 말이 일상적으로 사용되지만, 묶인 것에서 풀어 주어 자유롭게 해 주는 의미와 성경적 배경 그림이 항상 드리워져 있다고 상상해야 한다.

들에게 제시한 내용은 아닙니다. 원래 그림 위에다 잘 보이지 않는다고 생각한 부분을 굵은 선으로 덮어 그린 것입니다. 가능한 만큼 이 굵은 선들을 들어낸 다음, 원래 예수님과 사도들이 그렸던 그림을 더 세밀히 살펴보아야 합니다.

이사야 40:1-2은 죄 사함 선포의 원형이라고 말할 수 있습니다. 이 예언의 맥락에서 죄 사함은 이스라엘이 우상숭배의 결과로 바빌로니아 제국의 포로가 되었던 상태로부터(즉, 죄들이 낳은 비참한 상태로부터) 해방되는 것을 의미했습니다. 하나님은 과거 그들이 저질렀던 우상숭배의 죄를 이제 용서하시겠다고 일방적으로 선언하십니다. 이 말씀을 잘못 이해하면, 하나님이 정하신 70년간의 포로 생활(렘 25:11-12; 29:10; 단 9:2)이 그들에게 충분한 벌이 되었고 그것을 감안하여 하나님이 용서를 하신다고 생각할 수도 있습니다. 표면적, 문자적 수준에서는 그런 의미로 보입니다. 그러나 심층의 내용은 완전히 다릅니다. "그(예루살렘)의 복역의 기한이 찼고, 그의 죄악이 용납되었고, 그가 야훼의 손으로부터 그의 모든 죄에 비해 두 배나 (벌을) 받았다고!"라고 선언하시는 말에서 하나님의 강력한 감정이 전달되어 옵니다. 하나님은 이미 40여 년을 기다린 것이 그들의 죄에 비해 두 배나 길었다고 말씀하십니다. 합리적 사고만으로는 어리둥절할 수밖에 없는 표현입니다. 하나님은 스스로 70년의 포로 기간을 정하셨지만, 오래전부터 이스라엘의 죄악을 용서하고 싶으셨으며, 그들을 어서 하나님의 백성답게 회복시키고 싶으셨던 것으로 보입니다. 하나님은 죄의 결과로 그들이 하나님으로부터 멀어져 곤고한 삶을 살았던 것을 불쌍히 여기셨고, 그들의 괴로웠던 삶을 이미 넘치도록 충분히 벌받은 것으로 여기시는 것입니다.●

하나님이 고난을 겪은 이스라엘의 죄를 용서해야 할 의무를 지니신 것은 아닙니다. 하나님과 이스라엘 백성이 맺은 언약에는 이스라엘이 죄를 지으면 언약이 파기되고 저주의 벌을 받아야 한다고 규정할 뿐, 얼마 후에는 의무적으로 용서해야 한다는 규정은 없습니다(신 11:26-32; 28장; 29장). 신명기 30:1-10에 그들이 죄를 지어 언약을 깨뜨려 저주를 받아 이방인의 나라로 쫓겨났을 때 전심으로 하나님께로 돌이키면 다시 회복시켜 주실 것이라는 말씀이 나오지만, 이것은 언약 의식의 일부가 아니라 언약 파기 후의 비상 상황을 대비한 모세의 첨언입니다. 즉, 만약 그런 날이 오면 하나님께 한 번 더 매달려 보라는 조언입니다. 그러므로 하나님의 죄 용서 선언은 일방적으로 파기된 언약을 회복시키시는 은혜의 선언입니다. 더 근본적으로는, 아브라함과 맺은 옛 언약을 기억하시고 그의 후손을 버리지 않으시는 하나님의 신실함이

● 실제로 하나님이 정하신 70년의 형벌 기간이 다 차기 전 48년째(주전 586-539년) 되는 해(희년의 기간과 거의 일치함)에 고레스 대왕의 칙령으로 유다 포로들이 첫 번째로 돌아온다. 이후 70년이 차는 해에는 파괴되었던 솔로몬 성전을 재건한 스룹바벨의 제2성전이 완공된다.

나타난 선택이기도 합니다. 이어지는 이사야 본문에서 하나님은 죄 사함을 위한 유일한 조건을 내세우시는데, 그것은 **하나님께로 돌아오는 것** 즉, **회개**입니다.

> 이 일들을 기억하여라, 야곱아.
> 이스라엘아, 너는 내 종이니라.
> 내가 나를 위한 종으로 너를 지었다.
> 이스라엘아, 너는 나에게 잊히지 않는다.
> 내가 네 범죄들을 구름처럼,
> 네 죄들을 안개처럼 치워 버렸다.
> 너는 내게로 돌아오거라(히, '슈브').
> 내가 너를 구속했기(히, '가알') 때문이다.
> (사 44:21-22; 참고. 45:22; 55:1-13, 저자 사역)

회개란 '가던 길을 돌이킨다'(히, '슈브'), 또는 '생각을 고쳐먹는다'(헬, '메타노에오')라는 의미입니다.● 즉, 자기의 방식을 고집하지 않고 용서를 베푸시는 하나님의 방식을 받아들이는 것입니다.

● 회개는 잘못을 '뉘우침'을 의미하는 '참회', '통회'와는 비슷하지만 다른 말이다. 회개는 뉘우침의 감정을 강조하는 것이 아니라, 돌이키는 행위를 강조한다. 흔히 '회개 기도를 한다'고 말할 때, 그것이 죄에 대해 뉘우치는 기도를 의미한다면, 참회 기도라는 말을 사용하는 것이 정확하다.

다른 말로 하면, 선물을 받는 조건은 선물을 주는 분에게 나아오는 것이라는 말입니다. 그러므로 하나님의 죄 사함에는 아무런 조건이 없습니다.

그런데 하나님의 죄 사함 선언은 죄 문제의 표면적 해결을 넘어 문제의 뿌리까지 영향을 끼쳐야만 합니다. 구약 시대 예언자들은 이스라엘의 죄 문제에는 단순히 행위로 하나님의 율법을 어기는 수준보다 좀 더 깊은 뿌리가 있음을 인식했습니다. 그것은 바로 '마음의 부패'(렘 17:9; 막 7:18-23) 문제입니다. 그래서 그들은 하나님의 새로운 언약은 '마음을 고치시거나 새 마음을 주시는 것'이 된다고 예언했습니다(렘 31:31-34; 겔 36:26-27; 사 59:21; 참조. 신 30:6). 따라서 예수님이 선포하신 하나님 나라 복음은 단순히 죄 사함을 선언할 뿐 아니라, 문제의 뿌리인 마음의 부패까지도 치유할 근본적인 해결책을 제시합니다. 그것은 바로 성령님입니다. 세례 요한은 예수님이 '성령으로 세례를 주실 분'이라고 증언했고(막 1:8), 예수님은 바로 성령님을 각 사람에게 내주하도록 보내 주시는 메시아이셨습니다(요 7:37-38).

그러므로 예수님이 선포하신 하나님 나라 복음이 선언하는 **죄 사함**의 의미는 다음과 같습니다. 첫째로는 회개하고 예수님께 나오는 자들에게 하나님이 일방적으로 죄 용서를 선언하시며 하나님의 자녀로 받아 주시는 것이며(사 40:1-2; 44:21-22; 마 5:16), 둘째로는 죄들의 결과로 초래된 비참한 상황으로부터 구출하고

(마 1:21) 해방하시는 것이고, 셋째로는 한 걸음 더 나아가 각 사람 안에 성령님이 내주하시면서 그 사람의 마음을 치료하심으로써(렘 31:31-34; 요 7:38-39) 죄의 세력으로부터도 해방하시는 것입니다(롬 8:3).

예수님의 죄 사함 선언은 예수님의 지상 사역 마지막 부분에서 일어난 십자가 죽음과 부활에 의해 완전히 성취됩니다. 8장에서 자세히 다루겠지만, 예수님을 믿고 세례를 받은 우리는 예수님 안에서 그분과 연합하므로, 예수님의 십자가 죽음이 곧 우리 죄를 위한 죽음이 됩니다. 우리도 예수님 안에서 예수님과 연합하여 그와 함께 실제로 죽은 것입니다. 예수님이 죽음 이후에 부활하셨으므로 그의 부활 생명도 예수님 안에 있는 우리의 생명이 됩니다. 예수님 안에 있는 자들이 죄에 대해 죽고 하나님께 대해 살아나는 거듭남을 경험하는 것입니다. 이를 실재화하기 위해 각 사람 안에 부활의 영이신 성령이 내주하십니다. 성령은 우리가 죄로부터 실제로 해방되어 의를 추구하는 새로운 삶을 살게 만드십니다. 예수님의 값비싼 희생으로 마련된 하나님의 구원의 길이 이렇게 열린 것입니다.

함께 생각해 볼 문제들

1 이 장에서는 '죄'와 '죄 사함'이라는 말이 성경에 기록될 당시에 그 단어들이 지녔던 배경 그림을 설명해 주고 있다. 지금까지 죄와 죄 사함이라는 말을 들을 때 당신의 마음속에 떠올랐던 배경 그림은 무엇인가? 이 장에서 소개된 내용과 다른 부분이 있다면 무엇인가? 당신은 이러한 두 단어의 배경 그림을 바꾸는 것이 관련된 성경 말씀을 묵상하는 데 도움이 되리라 생각하는가?

2 예수님의 하나님 나라 복음이 선포하는 죄 사함의 의미를 세 가지로 요약했다. 그중 당신의 신앙생활에서 특별히 중요했던 것은 무엇이었는지 그 이유를 설명해 보라.

4장 예수님이 선포하신 해방의 복음 2: 사탄을 이김

보라, 주 여호와께서 장차 강한 자로 임하실 것이요….

−이사야 40:10

사람이 먼저 강한 자를 결박하지 않고는 그 강한 자의 집에 들어가 세간을 강탈하지 못하리니, 결박한 후에야 그 집을 강탈하리라.

−마가복음 3:27

예수님이 여러 마을을 다니며 하나님 나라의 도래를 선포하셨을 때, 그 말씀들은 즉시 실현되어 기적적인 치유와 귀신 축출의 사건들이 일어났습니다. 특히, 예수님이 귀신을 축출하시는 것을 두고 어떤 율법 교사들은 '큰 귀신 바알세불이 예수 안에 들어갔으므로 그가 귀신 왕의 능력으로 귀신을 쫓아낸다'고 말했습니다(막 3:22). 그때 예수님은 자신이 '성령의 능력을 힘입어 강한 자인 사탄을 결박하고 그 집에 포로로 잡혀 있던 사람들을 빼앗아 데리고 나오는 것'이라고 말씀하셨습니다. 이처럼 예수님이 선포하신 하나님 나라 복음은 사람들을 사탄의 억압으로부터 구출해 내는 해방의 복음이었습니다(막 3:27; 눅 10:17-19). 이것은 예언자 이사야가 선포한 하나님 나라 복음, 즉 장차 하나님이 '강한 자', '심판자', '목자'로 오실 것이라는 예언(사 40:9-11)의 성취였습니다. 그 예언 속에서 '강한 자'로 오시는 하나님이 바빌로니아 제국의 억압의 사슬을 깨뜨리고 자기 백성을 탈취해 나오신 것처럼, 예수님도 당신이 선포하는 복음을 믿는 자들을 사탄의 억압으로부터 해방하여 구출하십니다.

예수님의 적은 누구인가

'예수님은 무엇과, 또는 누구와 싸움을 벌이시는가?' 이 질문을 마음에 품고 복음서들을 처음부터 끝까지 읽어 보면, 표면에 드러난 적들과 그들 배후에 숨어 있는 적을 포착할 수 있습니다. 예수님이 태어나시자마자 그분을 죽이기 위해 베들레헴 주위의 모든 두 살 이하의 유아들을 살해한 헤롯 대왕, 하나님 나라의 선구자 요한을 목 베어 죽이고(막 6:17-29) 예수님을 위협한 헤롯 안티파스(막 3:6; 눅 13:31-33; 행 4:27), 예수님을 죽이고자 모의했던 바리새인들과(막 3:6) 대제사장들과 서기관들(막 14:1), 이들은 예수님의 드러난 적이었습니다.

그런데 이들을 배후에서 조종한 마귀는 예수님의 은밀한 적입니다. 예수님이 공적인 사역을 시작하자마자 사탄은 그의 메시아로서의 사명을 좌초시키기 위해 예수님을 시험합니다(막 1:12-13; 마 4:1-11; 눅 4:1-13). 그는 '적당한 때가 오기까지' 잠시 예수님을 떠나지만(눅 4:13), 사람들을 충동하여 조종하는 은밀한 자리로 갑니다. 그는 통치자들과 종교 지도자들을 부추겨 예수님을 대적하게 합니다. 또한 베드로의 야망을 자극하여 예수님의 길을 가로막게 하고(막 8:33), 돈 욕심으로 양심이 둔해진 가룟 유다를 충동하여 스승을 배반하여 넘겨주게 합니다(요 13:2, 27). 예수님을 십자가에 못 박도록 대제사장들과 빌라도를 움직이며(막 14:64-65; 15:15), 군중의 입을 통해 십자가상의 예수께 '네가 이스라엘의 왕 그리스도라면 십자가에서 내려와 보라'고 조롱하며 모욕합니다(막 15:16-32).

오늘날에도 사탄은 사람들을 배후에서 조종함으로써 일합니다. 사탄은 귀신들의 대장이기도 하지만, 사탄이 일하는 주된 방식은 사람의 마음을 충동하여 하나님의 뜻을 가로막는 것입니다. 요한계시록을 보면 사탄, 곧 용은 바다에서 짐승들을 불러 올라오게 하는데, 그에게 "자기의 능력과 보좌와 큰 권세를" 줍니다(계 13:1-2). 요한계시록에서 사탄의 대리인인 이 짐승들은 자신을 신적 존재로 높이는 로마 황제(13:4)와 그의 제사장(13:12)이며, 장차 세상에 나타날 모든 타락한 권력자들의 상징입니다. 사탄은 하나님이 섭리 안에서 허용하신 대로 사람을 죽일 권세가 있으며, 그것으로 사람들을 위협합니다(마 10:28; 히 2:14-15). 여기서 요점은, 사탄을 단지 수많은 졸개를 부리는 덩치 큰 귀신으로 여겨서는 안 된다는 것입니다. **사탄은 타락한 부와 권력의 배후에서 일합니다.** 부와 권력에 대한 탐욕을 부추겨 인간 권력자들을 사로잡으며 그들로 하여금 악을 행하게 하고 사람들을 노예로 억압하게 만드는 것이 바로 사탄의 주된 방식입니다.

사탄이 하나님 나라를 대적하는 주요한 적이라고 말할 때, 개인적인 죄나 구조적인 악을 무시하고 배후의 영적인 힘이 유일한 원인이라고 주장하는 것이 아닙니다. 반대로, 단순히 어떤 악한 개인이나 집단, 특정한 체제나 구조를 악의 주된 원인으로 지목해서도 안 됩니다. 악은 개인적 차원, 사회 구조적 차원, 영적 차원 등 모든 차원에서 발생하고 여러 차원의 원인이 서로 얽혀 있습니다. 그러므로 악과의 싸움도 모든 차원에서 모든 올바른 수단을 동시에 동원해야 합니다. 영적인 차원에서만 기도나 어떤 방법으로 사탄과 악한 천사들을 결박하면 그들이 사용하던 모든 도구들이 갑자기 선한 존재로 바뀔 것이라고 생각해서도 안 됩니다. 사탄이 없어도 사람의 부패한 마음에서 비롯하는 악이 인간과 사회 구조를 철저히 내부로부터 사로잡아 일그러뜨릴 수 있기 때문입니다.

악의 위험성과 그에 대한 대응

그리스도인들은 자신이 부름받은 자리에서 악을 감시하며, 예방하고, 분별하고, 폭로하고, 제재해야 합니다. 그런데 죄와 악의 현상을 자세히 살펴보거나 어쩔 수 없이 한동안 그 복잡한 소용돌이에 휩싸여 있게 되면, 우리는 사탄의 무서운 실체를 언뜻 들여다보게 되어 블랙홀 같은 악의 장력에 압도될 수 있습니다. 악의 강력함, 추악함, 교묘함, 집요함은 우리의 상상을 초월하며 직접적인 피해자뿐 아니라 옆에서 도우려는 사람의 내면의 힘까지도 모두 소진시킵니다. 또한 사탄에게 조종당하고 있는 사람이 오히려 빛의 천사와 같은 말을 하기도 하므로(고후 11:14-15; 마 7:15-21), 나중에 그의 실체가 드러난 후 큰 충격에 빠질 수도 있습니다. 사탄과 악의 신비에 대해서는 호기심을 따라 많은 지식을 추구할 것이 아니라, 예수님과 사도들의 가르침 안에 머무르며 복음의 중요한 내용을 확고히 붙들어야 합니다. 또한 악에 끌리는 시험을 조기에 분별해 피할 수 있도록 성령님을 의지하고, 악이 은밀히 세력을 키우기 전에 공개적으로 드러내 심각성을 폭로하고, 올바른 수단을 동원해 제재해야 합니다. 개인이나 사회가 악에 빠졌을 때는 빨리 구출해 주시도록 하나님께 기도하며 간구해야 합니다.

사탄에 대한 대응 원칙 중 가장 중요한 것은 복음에 대한 믿음과 기도입니다. 이처럼 의외로 단순한 것에 중요한 의미가 있습니다. 하나님 나라 복음은 사탄이 비록 '강한 자'이지만, 예수님은 그 강한 자를 결박하고 그가 훔친 재산을 다시 강탈해 내는

'더 강한 자'라고 선포합니다. '강한 자'로 오신 하나님을 믿으라는 복음이 선포될 때, 사람이 그 복음을 믿고 예수님께 자신을 의탁하면, 그는 사탄의 억압에서 즉시 해방됩니다. 복음 선포와 함께 성령님이 일하시기 때문입니다. 복음을 믿고 세례를 받으면, 우리는 예수님 안에 들어가 예수님과 한 몸이 되고, 우리 마음에는 성령님이 내주하여 우리의 진짜 주인으로 함께하시기 시작합니다. 죄와 죄를 빌미로 사람을 지배하던 사탄은 유죄 판결을 받고 추방당했고(롬 8:2-3),• 우리는 예수 그리스도 안에서 하나님의 사랑으로 안전히 보호받습니다(롬 8:39). 이러한 복음의 진리를 명확히 이해하고 확고히 믿어야 합니다.

또한 주님은 장차 사탄이 핍박과 유혹으로 신자들을 공격할 것이라고 예고하셨습니다(마 10:16-33; 13:20-22). 이것이 하나

• 로마서 8:3은 하나님이 "육신에 있는 죄를 유죄 판결하셨다"(저자 사역)라고 선언한다(개역개정판에는 이 부분이 "육신에 죄를 정하사"로 오역되었으나, 새한글성경은 오역을 바로잡음). 로마서에서 '육신'(flesh; 헬, '사르크스')은 '몸과 죄가 강력하게 결합된 상태'로 이해하면 로마서 본문의 의미가 잘 이해된다. 로마법에 의하면 반역죄로 유죄 판결을 받는 자는 사형 또는 추방형을 받게 된다. 우리가 세례를 받아 예수님과 연합하게 되면(롬 6:3), 우리 안의 죄(Sin, 단수 명사는 의인화된 표현이며 '죄의 세력'을 의미함)는 유죄 판결을 받아 추방되고, 죄 대신에 성령님이 내주하셔서 우리 몸을 지배하게 된다. 그리고 죄가 지배하던 때에 생겨난 몸의 '습관들'(개역개정에는 '행실'로 번역됨)을 성령의 도우심을 힘입어 깨뜨려 나가면(롬 8:13), 영생의 새로운 삶을 온전히 살 수 있게 된다. 8장을 참조하라.

님 나라의 '이미 그러나 아직' 중 '아직'에 해당하는 한 측면입니다. 악을 무찌르는 예수님의 전쟁은 결정적으로 승리로 끝났지만 잔당들을 완전히 소탕하는 작전은 아직 진행 중이기 때문입니다. 이와 관련해서 예수님은 "시험에 들지 않게 깨어 있어 기도하라"(막 14:38)라고 명령하셨습니다. 주기도를 가르치실 때도, '시험에 들지 않도록, 또한 악에 빠지면 즉시 구출해 주실 것'을 항상 기도하게 하셨습니다(마 6:13). 한편, '기도 외에는 이런 종류가 나갈 수 없다'(막 9:29)는 말씀에서는, 시들어 가는 악의 세력을 대면하는 싸움에서 중요한 두 가지를 가르쳐 주셨습니다. 첫째, 우리의 개인적인 경험과 능력으로는 사탄을 이길 수 없으며(즉, 지는 것이 당연하며), 둘째, 평소에 항상 기도하며 하나님 아버지를 신뢰하고 하나님과 친밀히 동행하는 것이 성령의 능력을 힘입어 영적 전투에서 승리하는 비결임을 알려 주셨습니다.•

• 개인적으로 영적 전투에서 승리하기 위해 복음의 진리를 나 자신에게 적용하는 가장 효과적인 방법이 한 가지 있다. 그것은 복음을 날마다 반복하여 입으로 말하고, 나 자신에게 그리고 나를 공격하는 영적 세력을 향해 소리 내어 선포하는 것이다. 날마다 아무 때나 다음과 같이 반복적으로 선언하라. (예수님을 믿고 세례받음으로써 예수님과 연합한) "나는 하나님의 아들/딸이다. 나는 하나님의 사랑받는 자다. 나는 하나님이 기뻐하시는 자다"(막 1:11).

> 함께 생각해 볼 문제들

1 이 장에서는 예수님의 십자가 사건과 요한계시록의 예를 근거로 사탄이 일하는 주된 방식이 타락한 부와 권력의 배후에서 그 권력자들을 조종함으로써 많은 사람들을 억압하는 것이라고 말한다. 당신은 이러한 사탄의 전략이 오늘날 세계에서는 어떻게 일어나고 있다고 느끼는가?

2 저자는 사탄과 그것이 일으키는 악에 대응하는 방법에 대한 예수님의 가르침을 요약하면서, 악에 대해 과대평가하거나 과소평가하지 말고 성령님을 의지하며 믿음과 기도로 대응해야 한다고 말한다. 지금 자신의 삶과 자신이 속한 공동체를 위협하는 사탄의 악은 무엇이라고 느끼는지 나누어 보고, 그 악에 대항하며 함께 기도하라.

2부

예수님의 하나님 나라 가르침

5장 예수님의 하나님 나라 비전과 제자 공동체

이스라엘 족속아, 내가 이렇게 행함은 너희를 위함이 아니요, 너희가 들어간 그 여러 나라에서 더럽힌 나의 거룩한 이름을 위함이라. 여러 나라 가운데에서 더럽혀진 이름, 곧 너희가 그들 가운데에서 더럽힌 나의 큰 이름을 내가 거룩하게 할지라.

-에스겔 36:22-23

[당신의] 이름이 거룩히 여김을 받으시오며….

-마태복음 6:9

복음서에 나타난 예수님의 하나님 나라 사역은 크게 세 가지로 분류할 수 있습니다. 첫째, 하나님 나라 복음을 선포하시며 하나님 나라의 가시적 표지로서 치유와 귀신 축출 사역을 행하신 것입니다. 둘째, 열두 제자를 세우시고 제자 공동체에 하나님 나라의 비밀을 가르치신 것입니다. 셋째, 하나님 나라를 임하게 하는 결정적 행위로서 십자가와 부활의 사역을 실행하신 것입니다. 이번 장과 다음 두 장에서는 예수님 사역의 두 번째 부분인 제자 공동체를 세우신 일과 예수님의 하나님 나라 가르침을 살펴보겠습니다.

예수님의 행위 예언

예수님의 사역 중에는 옛 예언자들의 '행위 예언'처럼 행위 자체가 상징적 의미를 지닌 것들이 있습니다.[1] 예수님이 말로 그 의미를 설명하지 않으셨지만 예수님의 하나님 나라 사역의 중요한 부분을 차지하는 것들입니다. 그중에서도 가장 의미심장한 세 가지는 세례 요한에게 세례를 받으신 것, 열두 제자를 세우신 것, 그리고 마지막 유월절 식사에서 성찬식을 제정하신 일입니다.

예수님은 공생애를 시작하시면서 세례 요한에게 세례를 받으셨습니다(막 1:9-11). 이후에 이어지는 40일간 광야에서 시험을 받으신 일(막 1:12-13)과 함께 생각해 보면, 예수님의 세례는 아마도 예수님이 이스라엘의 출애굽 경험(홍해와 광야)을 상징적으로 되풀이하며 이스라엘의 대표자로 세워지고, 더 나아가 예수님 자신이 새로운 이스라엘이 되심을 상징적으로 드러낸 사건으로 보입니다. 이때 하나님은 예수님을 "나의 아들, 사랑받는 자"(막 1:11, 저자 사역)라고 선언하셨는데, 이것은 과거 이스라엘에 해당하는 말입니다(출 4:22; 호 11:1). •

또한 예수님은 사역 초기에 몇몇 신실한 사람을 제자로 부르셨고(막 1:16-20; 요 1:35-51), 얼마 지나지 않아 그들 중 열둘을 뽑아 세우셨습니다(막 3:13-19). 하필이면 왜 열둘일까요? 그것은 이스라엘 열두 지파와 상징적으로 대응되게 하시려는 의도인 것 같습니다. 즉, 예수님이 임하게 하실 하나님 나라가 예수님을 중심으로 한 새로운 이스라엘 열두 지파의 출현으로 전개됨을 보여 주시려는 것입니다.

끝으로 예수님은 제자들과 함께한 마지막 유월절 식사 자리에서 성찬식을 제정하셨습니다. 떡을 떼어 주시며 '이것은 나의 몸이니 먹으라'라고 하시고, 포도주를 부어 주시며 '새 언약을 위해 흘리는 나의 피를 마시라'라고 말씀하셨습니다(눅 22:20; 막 14:24; 마 26:28). 이것은 예수님의 십자가와 부활을 달리 보지 말고 '새로운 출애굽' 사건으로 보라고 하신 것입니다. 첫 번째 출애굽 당시 이스라엘 백성은 시내산에서 번제와 화목제를 드리고 그 제물의 피를 뿌리고 살을 먹음으로써 하나님과 언약을 맺었습니다(출 24:1-11). 예수님이 제정하신 성찬식은 이 출애굽 이후 시

- 여기서 하나님이 예수님을 '사랑받는 자'(헬, '아가페토스')라고 부르신 것은 의미심장하게도 그리스도인들이 서로를 부르는 중요한 호칭이 된다(롬 1:7; 히 6:9; 약 1:16; 벧전 2:11; 요일 2:7; 유 1:3 등). 한글 성경에는 '사랑하는 자'라고 번역되었지만, 수동형 '사랑받는 자'가 원래 의미이며, 이것은 '하나님의 사랑을 받는 자'라는 의미로, 그 호칭 안에 복음의 전체 메시지가 함축되어 있다. 이 호칭은 형제, 자매라는 다른 호칭과 함께 그리스도인이 복음 안에서 누리는 변화된 신분을 반영하는 중요한 말이다.

내산의 언약 의식을 떠올리게 하는 새로운 언약 의식이며, 예수님의 살과 피를 먹는 자들이 예수님 안으로 들어와 새 언약을 맺고 새 이스라엘이 된다는 것을 가시적으로 나타냅니다.

이 세 가지를 통합해 보면, 예수님은 세례 요한에게 세례를 받으심으로써 자신이 새로운 이스라엘이 되셨고, 열두 제자를 세우심으로써 새로운 이스라엘 열두 지파를 출범시키는 프로젝트를 개시하셨으며, 성찬식 제정을 통해 옛 언약은 효력을 다했다고 선언하시면서 성찬식이 가리키는 십자가와 부활 사역을 통해 하나님과 이스라엘 사이의 언약을 갱신하신 것입니다.

이렇게 탄생한 새로운 이스라엘은 혈통의 관계망으로 이루어지는 것이 아니라, 누구든지 예수를 믿고 그의 가르침을 받으며 그를 따르는 자들이 하나님의 가족으로 입양되면서 확장됩니다(막 3:33-35). 또한 예수님이 언급하신 새 언약은 옛 예언자들이 한목소리로 오리라 예언했던 그 사건이었습니다. 옛 예언자들이 전망한 것처럼, 새 언약은 하나님이 사람의 마음에 율법을 새기는 것(렘 31:31-34), 부드러운 마음과 성령을 주셔서 하나님의 율례들과 규례들을 행하게 하시는 것(겔 36:26-27), 성령과 그 말씀을 그들의 입에서 떠나지 않고 영원히 머물게 하시는 것(사 59:21)입니다. 즉, 예수님을 믿는 각 사람에게 성령님이 내주하셔서(요 7:38) 그들을 마음속에서부터 갱신하시며 새로운 하나님 백성을 창조하시는 것입니다.[2]

제자 공동체, 교회의 탄생

예수님이 시작하신 이 새로운 이스라엘 프로젝트는 이미 이사야 60-62장에 예언된 비전이었습니다. 예수님은 고향 마을 나사렛 회당에서 복음을 전하시며 이사야 61:1-2의 성취를 선언하셨는데(눅 4:16-21), 그때 예수님은 아마도 누가복음에 인용된 두 구절뿐 아니라 이사야 60-62장 전체를 읽으셨을 것입니다. 그 내용은 예루살렘의 영광스러운 회복의 비전이며, 메시아가 그 회복을 이루고자 오신다는 것입니다. 이 비전은 또한 성경의 마지막 책인 요한계시록 21:1-22:5에 등장합니다. 하늘로부터 장엄하게 내려오는 새 예루살렘의 열두 성문 위에는 이스라엘 열두 지파의 이름이 쓰여 있고(21:12), 성곽을 받친 열두 개의 기초석 위에는 어린양의 열두 사도의 이름이 쓰여 있습니다(21:14). 그들 위에 새 예루살렘이 세워진 것입니다.

예수님은 제자들에게 기도를 가르치시면서, 무엇보다도 먼저 '아버지 하나님의 이름이 거룩히 여김받게 하시며, 그분의 나라가 오게 하시며, 그분의 뜻이 땅 위에서 이루어지기를' 간구하라고 하셨습니다. 어떻게 해야 하나님의 이름이 거룩히 여김받게 될까요? 에스겔이 예언한 것처럼 거룩한 이스라엘이 나타나야 합니다(겔 36:22-28). 사람들은 하나님 백성 이스라엘의 거룩함을 보아야 하나님의 이름이 거룩하다고 인정할 것이기 때문입니다. 새로운 이스라엘은 거룩하게 되기 위해 물로 씻어 정결하게 되고, 성령을 받아 하나님의 율례와 규례를 행해야 합니다(겔 36:25-27). 또한 이 땅 위에 아버지의 나라가 오고 그분의 뜻이 이루어지게 해 달라는 것도 같은 간구로서, 하나님의 다스림을 받는 거룩한 백성이 나타나게 해 달라는 것입니다. 예수님은 이 새로운 백성이 따라야 할 명령들을 주심으로써[대표적으로는 산상수훈(마 5-7장)의 말씀] 그 명령들의 실행을 통해(요 14:21; 15:10) '영생'을 살아가는 새로운 이스라엘(즉, 하나님의 자녀들, 예수님의 제자 공동체, 교회)이 빚어지게 하셨습니다.●

이 모든 것이 오늘날 우리에게 의미하는 바는 무엇입니까? 첫째, 교회는 예수님을 머리로 한 하나님의 새로운 이스라엘로서 현시대의 일상, 문화, 역사 등 모든 영역에서 장차 완성될, 영원한 시대에 속한 삶의 양식을 미리 실현하고 나타내는 존재입니다. 교회는 지난 세기에 대중이 오해한 것처럼, 곧 멸망할 세상에 등장한 구원의 방주가 아니라 새로워질 땅 위에 일찍 나타난 새로운 하나님의 백성 이스라엘입니다. 이 새로운 이스라엘은 산 위의 도시처럼 세상의 빛과 소금이 되어(마 5:13-16; 비교. 사 2:2-4; 미 4:1-5), 하나님의 나라가 이미 왔고 메시아 예수의 통치가

● **영생**(헬, '조에 아이오니온')은 그저 '길게 계속되는 삶'이 아니라 '영원한 시대, 하나님의 직접 통치가 이루어지는 **새로운 시대에 속한 삶**'을 의미한다.

이미 시작되었음을 알리는 메신저와 메시지가 됩니다.

둘째, 예수님의 명령들을 가르치고 배우고 실천하는 것은 교회와 성도의 최우선 사명이 되어야 합니다. 예수님의 명령들을 실천하는 것은 단순히 구원받은 이후에 추가되는 선택적 의무나 과제가 아닙니다.• 그 실천 자체가 교회와 성도를 새로운 이스라엘로 형성합니다. 그러므로 예수님은 산상수훈으로(마 7:21-27), 대위임령(마 28:18-20)으로, 고별 설교로(요 15:1-10) 여러 번 당신의 '명령들'(항상 복수형임을 주의하십시오!)을 실천하라고 말씀하셨습니다. 그러므로 교회의 모든 활동은 예수님의 명령들을 가르치고 배우고 실천하는 것에 초점이 맞추어져야 합니다.

셋째, 새 언약과 새로운 이스라엘의 '새로움'이란, 예언자들의 예언처럼 이제 성령님이 믿는 각 사람 안에 내주하신다는 것입니다(요 7:37-39). 성령님의 내주하심이 없다면 새 이스라엘은 옛 이스라엘보다 전혀 나은 것이 없습니다. 성령님이 각 사람 안에 함께하시는 것이야말로 예수님이 가져오신 하나님 나라의 가장 큰 혜택입니다. 그러므로 모든 교회와 신자는 성령님의 음성을 듣고

• 성경에 나오는 '구원'이라는 말은 '믿고 죽어서 천국에 가는 것'이 아니다. **구원**이라는 말의 의미는 '구출'이며, **곤경에서 구출받는 것**이 바로 구원이다. 우리는 죄와 사탄이라는 곤경으로부터 구출받는데, 구원은 그 자체가 목적이 아니라 하나님의 백성으로 아름답고 영광스러운 의의 나무가 되는 것(사 61:3)에 궁극적 목적이 있다. 죽어서뿐 아니라 지금부터, 세상에서 거룩한 하나님의 백성이 되어 하나님의 이름을 영화롭게 하기 위해 우리는 구출받았다.

그분과 동행하는 법을 배우고, 알고, 가르쳐야 합니다. 이에 대해서는 10장과 11장에서 더 자세히 살펴볼 것입니다.

함께 생각해 볼 문제들

1 예수님의 대표적인 세 가지 행위 예언이 무엇이었는지 떠올려 보라. 이 세 가지 행위 예언은 예수님이 말씀으로 직접 의미를 설명해 주시지는 않았기 때문에 그 의미를 깊이 묵상할 기회가 없었을 수도 있다. 각각의 의미를 생각해 볼 때, 이 세 가지 중 최근 당신의 삶에서 가장 의미심장하게 다가오는 것이 무엇인지 나누어 보라.

2 교회를 '구원의 방주'로 보는 관점과 '세상의 빛과 소금'으로 보는 관점을 비교해 보라. 교회라는 단어의 배경 그림으로서 어떤 그림을 두는가에 따라서 어떤 차이가 발생하게 될지 생각해 보고 서로 나누어 보라.

6장 예수님의 하나님 나라 가르침 1: 씨 뿌리는 자의 비유

여호와께서 이르시되, "가서 이 백성에게 이르기를 '너희가 듣기는 들어도 깨닫지 못할 것이요, 보기는 보아도 알지 못하리라' 하여 이 백성의 마음을 둔하게 하며, 그들의 귀가 막히고 그들의 눈이 감기게 하라. 염려하건대 그들이 눈으로 보고 귀로 듣고 마음으로 깨닫고 다시 돌아와 고침을 받을까 하노라."

-이사야 6:9-10

하나님 나라에 대한 예수님의 가르침은 크게 두 종류로 나누어 볼 수 있습니다. 첫째는, 하나님 나라가 오는 방식에 관한 것으로서 마태복음 13장(비유 설교)과 24-25장(종말 설교) 등이 여기에 속합니다. 둘째는, 하나님 나라 백성의 소명과 삶의 방식에 관한 것입니다. 여기에 속하는 예는 마태복음 5-7장(산상수훈)과 10장(파송 설교), 18장(교회 설교) 등입니다. 이 장에서는 예수님의 비유들 중 가장 중요한 비유인 '씨 뿌리는 자의 비유'(마 13:3-23)를 통해 하나님 나라가 임하는 방식에 대한 예수님의 가르침을 살펴보고자 합니다.

예수님이 씨 뿌리는 자의 비유를 처음으로 말씀하셨을 때, 제자들을 포함하여 아무도 그 비유의 의미를 알아듣지 못했습니다. 그래서 제자들이 예수님께 왜 비유를 써서 이렇게 알아듣기 어렵게 말씀하시는지 물었습니다(마 13:10). 그때 예수님은 앞에 인용한 이사야 6:9-10로 대답하셨습니다(마 13:11-15). "그들이 보아도 보지 않고, 들어도 듣지 않고, 이해하지 않기 때문이다"(마 13:13, 저자 사역). 즉, 하나님 나라에 대한 말씀을 듣고도 주의를 기울이지 않고, 이해하려고도 하지 않고, 회개하려고 하지 않는 사람들의 완고함을 심판하기 위해서라는 말씀입니다.[1]

하나님이 보내신 메시아가 오셔서 복음을 선포하고 하나님 나라에 대해 공개적으로 가르치셨지만(마 7:28-29; 9:35; 11:1) 많은 사람들이 그를 받아들이지 않았습니다. 많은 무리가 호기심을 품고 예수님을 따르기도 했지만, 그들 중 다수는 예수님을 정말로 믿지는 않았습니다(요 2:23-25; 6:66). 예수님의 복음 선포는 사람들을 그들의 죄들로부터 구원하기 위한(마 1:21) 은혜로운 선포이지만, 그것을 듣는 사람은 어쩔 수 없이 두 부류로 나뉩니다. 즉, 믿고 예수님을 따르는 사람과 믿지 않고 무시하는(혹은 자신들의 이해 때문에 예수님을 배척하는) 사람으로 갈라집니다. 그렇기 때문에 구원의 소식은 어떤 사람에게는 구원의 복된 기회가 되지만, 어떤 사람에게는 아이러니하게도 자기를 위해 오신 구원자를 거부하여 자신의 유죄 상태를 확정하는 계기가 됩니다(요 3:17-21). 그들은 은혜로 주어진 진주를 알아보지 못하여 무시하고 발로 밟기에(마 7:6) 하나님 나라의 더 깊은 비밀을 들을 기회를 빼앗깁니다.

하나님 나라는 어떻게 오는가

씨 뿌리는 자의 비유는 '하나님 나라가 오는 방식'에 대한 비밀을 담고 있습니다. 오늘날의 그리스도인에게는 이 비유가 말하는 내용이 익숙하게 느껴지는 면도 있겠지만, 1세기 유대인들에게 이 비유는 상식을 뒤엎는 것이었습니다. 유대인들은 일반적으로 메시아가 오시고 하나님 나라, 즉 하나님의 직접 통치가 시작되면 즉시 악인과 이방인에 대한 하나님의 심판이 일어날 것이라고 생각했습니다. 메시아가 로마 제국과 모든 이방 나라를 굴복시키는 전쟁을 일으켜 승리할 것이고, 이스라엘을 회복하고 예루살렘에서 왕으로 즉위하리라고 기대한 것입니다. 그러나 예수님은 하나님 나라가 전쟁이 아니라 '말씀의 씨 뿌림'(막 4:14; 마 13:19)을 통해 온다고 가르치십니다.

만일 하나님 나라가 전쟁을 통해 온다면 이런 일이 벌어질 것입니다. 어젯밤까지는 로마의 지배를 받았는데 아침에 일어나 보니 먼 곳에서 벌어진 전쟁에서 메시아가 이끈 군대가 승리했고, 오늘부터 우리는 자동으로 로마의 식민지 백성이 아닌 이스라엘 왕국의 시민이 되었다는 소식을 듣게 됩니다. 그래서 간밤에 어느 지역에서 일어난 전쟁의 결과로 자신의 의지와는 전혀 상관없이 아침에는 하나님 나라의 시민이 되어 버립니다. 그러나 예수님은 하나님 나라가 전쟁이 아니라 말씀의 씨 뿌림을 통해 온다고 하십니다. 이것은 각 사람이 선포되는 복음의 말씀을 **개인적으로** 받아들여 자신을 메시아에게 접붙임으로써 하나님 나라에 들어가게 된다는 의미입니다. 이 점에서 예수님은 하나님 나라가 유대인들이 기대한 하나님 나라 도래의 방식과 아주 다르게 온다고 말씀하신 것입니다. 하나님 나라는 복음이 전파되는 것을 듣고 각 사람이 그것을 '개인적으로' 믿고 받아들임을 통해 확장됩니다. 이것이 하나님이 정하신 방식입니다. 그러므로 한 가족 안에서도 어떤 사람은 그 나라의 백성이 되고 어떤 사람은 그 나라의 원수가 될 수가 있습니다(마 10:34-36).

또한 하나님 나라가 말씀의 씨 뿌림을 통해 오므로, 말씀의 씨가 온 땅에 뿌려지는 과정이 필요합니다. 즉, 복음이 땅끝까지 전파되는 일이 진행되어야 합니다(막 13:10; 마 24:24). 이 기간 동안에는 메시아가 오시면 곧 이루어질 것이라 기대했던 악인과 이방 제국의 심판이 연기됩니다. 심판이 당장 오리라 기대했지만 사실은 구원의 초대장이 전달되는 기간이 한동안 계속되는 것입니다. 즉, '종말의 지연'이 일어납니다. 그러므로 하나님 나라의 시간으로 보면, 우리가 살고 있는 이 시대는 심판이 연기된 때이며, "은혜받을 만한 때" 곧 "구원의 날"입니다(고후 6:2). 지금은 제자들(교회)에게 위임된 복음 전파 사역에 의해 하나님이 모든 죄인들을 당신의 나라로 초대하시는 때입니다. 이 시기에 어떤 사람은 복음을 믿어 구원을 얻으며, 어떤 사람은 거절하여 자신을 스스로 심판하는 일이 일어납니다. 그리고 얼마 후 이 은혜의 기간이 지나가면 하나님의 진노의 날(롬 2:5), 곧 최후 심판의 날이 반드시 올 것입니다.

하나님 나라를 어떻게 받아들여야 하는가

이 비유에서 씨 뿌리는 자는 말씀의 씨앗을 뿌리는데, 매우 헤프게 뿌립니다. 아마도 그는 급히 길을 달려가며 씨를 뿌리는 것 같습니다. 어떤 씨는 길가에도 떨어지기 때문입니다. 이것은 하나님의 은혜가 매우 헤프게, 마치 낭비되듯이 모든 사람에게 너그럽게 선사되는 것을 암시합니다. 그러나 그렇게 선사된 말씀을 어떤 사람은 흘려듣고 무시합니다. 바로 길가에 씨앗이 뿌려진 경우입니다. 어떤 사람은 처음에는 반기면서 받지만 말씀 때문에 핍박이나 곤란한 일이 생기면 말씀을 버립니다. 바로 돌밭에 뿌려진 경우입니다. 어떤 사람은 말씀을 받았지만, 자기에게는 당장 신경 쓸 더 중요한 일들이 많아 말씀과 상관없는 삶을 살게 됩니다. 가시떨기에 씨앗이 뿌려진 경우입니다.* 그래서 일부 사람들에게서만 그 뿌려진 말씀의 씨가 열매를 맺습니다. 이 열매는 예수님의 명령들을 따라 실행하여 하나님 나라 백성의 거룩함을 나타내는 열매입니다(마 7:17-27).

이 비유에 등장하는 하나님 나라의 원수는 '악한 자' 곧 사탄(마 13:19)과 죄입니다. 사탄은 사람의 밖에서 위협하여 그가 하나님 나라의 열매를 맺지 못하도록 압박합니다. 그리고 죄는 사람의 내면으로부터 염려와 속임수와 탐욕을 일으켜 예수님의 말씀을 따라 살지 못하게 만듭니다. 그러므로 복음서를 읽을 때 우리는 죄와 사탄이라는 이 두 원수가 어떻게 예수님에 의해 극복되는지를 계속 주목해야 합니다.[2]

또한 이 비유는 복음을 받아들인(겉으로 보기에는 믿음을 가진) 사람들 중에 배교자가 많을 것이며, 열매 맺지 못하는 나무가 많을 것임을 암시해 줍니다. 그런 사람들이 신앙을 버리거나 열매

- 이 세 번째 경우를 좀 더 자세히 살펴보면, 마태복음은 "이 세상의 염려와 부의 속임이 그 말씀을 숨 막히게 하여…"(13:22, 저자 사역), 마가복음은 "세상의 염려들과 부의 속임과 다른 것들에 관한 탐욕들이 들어와서 그 말씀을 숨 막히게 하여…"(4:19, 저자 사역), 누가복음은 "염려들과 부와 삶의 쾌락들 아래로 들어가서 숨이 막혀서…"(8:14, 저자 사역) 열매를 맺지 못한다고 전한다. 정리하면, (1) 세상일에 관한 염려, (2) 부의 속임(부가 마냥 좋은 것이라고 착각하여 추구하게 만드는 것), (3) 여러 가지 탐욕들에 사로잡힌 상태로 쾌락들을 추구하는 것, 이 세 가지가 복음을 받아들인 많은 사람들이 결국 열매를 맺지 못하게 되는 중대한 이유다. 각각에 대한 예수님의 말씀들을 잘 살펴보고 이 장애물들을 지혜롭게 피해 나가야 한다. 예를 들어, 염려에 관해서는 마태복음 6:25-34, 부에 관해서는 마태복음 6:19-24, 탐욕과 불의한 쾌락의 추구에 관해서는 야고보서 4:1-10(참조. 마 6:24)을 공부하고 묵상할 수 있다.

를 맺지 못하는 것에 대해 이상하게 생각하거나 놀라서는 안 된다는 말입니다. 지금 교회들 안에도 그런 이들이 분명 있을 것입니다. 그러므로 열매 맺지 못하는 사람을 배려한다는 명목으로 그들의 요구에 맞추어 교회의 활동들을 계획하는 어리석음을 범해서는 안 됩니다. 예수님을 따르는 제자도를 추구하자고 하면, 그럴듯한 논리를 펼치며 반대하는 사람들이 등장할 것입니다. 그런 때에 예수님의 하나님 나라 복음이 그려 주는 원대한 그림을 생각하고, 또한 씨 뿌리는 자의 비유를 기억하며 분별력을 발휘해야 합니다. 한편, 열매 맺는 사람들은 소수일 수도 있지만 그들이 풍성한 열매를 맺기에, 그들 때문에 "하나님의 이름이 거룩히 여김을 받게" 됩니다. 그러므로 오늘날 말씀의 씨앗을 뿌리는 사람은 열매 맺는 제자들이 반드시 생겨날 것을 기대하고 희망을 잃지 말아야 합니다. 온전한 복음은 하나님의 자녀들을 굳게 세우며 반드시 열매를 맺게 한다고 믿었던 바울 사도처럼 복음의 낙관주의를 가져야 합니다(롬 1:11, 15).

말씀의 씨앗이 열매 맺는 방식은 어떠합니까? 이 비유에 따르면, 그 말씀을 듣고 "깨달으며"(헬, '쉰이에미': 조각들을 종합하여 이해하다; 마 13:23), "받으며"(헬, '파라데코마이': 인정하고 받아들이다; 막 4:20), 인내로 "지키는"(헬, '카테코': 굳게 붙잡다; 눅 8:15) 사람들이 열매를 맺습니다. 하나님의 말씀은 비록 죄와 사탄의 방해를 받을 것이지만, 그것을 잘 이해하고 마음에 받아들여서 인내하며 굳게 붙잡는 사람들이 나타날 것이고, 반드시 열매를 풍성히 맺을 것입니다. 이 말씀을 기억하고 우리는 예수님의 명령들을 가르치고 배우는 일과 말씀을 마음에 간직하는(헬, '테레오': 지키다, keep, cherish) 일에 확신을 가지고 초점을 맞추어야 합니다 (마 28:19-20).

마지막으로, 이 비유는 메시아가 이미 오셨지만, 이상하게도 하나님 나라는 비밀스럽게 성장한다고 말합니다(참고. 겨자씨 비유와 누룩 비유, 마 13:31-33). 이 하나님 나라의 비밀이 바깥사람들에게는 감추어졌습니다(막 4:11; 마 13:11). 복음을 받아들이지 않는 사람에게는 말씀의 씨 뿌림을 통해 전파되는 이 하나님 나라가 전혀 보이지 않을 것입니다. 세상은 제국의 이야기들(거대 권력자들 중심의 역사 이야기)을 지어내고 그 관점들로 지금 일어나는 모든 일들을 해석합니다. 그러므로 고대로부터 지금까지 언제나 지배와 억압이라는 힘의 법칙이 역사를 지배했다고 믿습니다. 그러나 예수님의 하나님 나라 복음을 믿은 사람들에게는 다른 이야기가 보입니다. 시끄럽게 잠시 들렸다가 사라지는 혼란스런 소리들과는 구별되는, 고요하지만 아름답게 계속 이어지는 음악 연주가 들립니다. 하나님은 제국의 이야기들 속에서 아브라함의 이야기, 모세의 이야기, 다윗의 이야기, 이스라엘의 이야기를 계속 진행해 오셨습니다. 아브라함과 맺은 약속의 성취로서 아브라함의 후손으로 하나님의 아들을 보내셨고, 예수님의 사역을 통해 누구도 예상치 못한 방식으로 하나님의 통치를 땅 위에 펼치셨고, 마침내 예수님 죽으심과 부활이라는 놀라운 사건을 통해 예수님 안에서 세상을 두 번째로 새롭게 창조하고 계십니다(엡 1:10; 고후 5:17; 사 65:17-18; 계 21:5). 이 비밀은 아직은 하나님의 섭리 안에서 일부 사람들의 눈에만 드러나지만, 장차 감추어 두지 못할 등불처럼(막 4:21-25) 모든 사람 앞에 훤히 드러날 것입니다.

함께 생각해 볼 문제들

1 예수님이 말씀하신 씨 뿌리는 자의 비유는 하나님 나라 말씀의 씨앗이 개인의 마음에 뿌려지고, 각 사람이 말씀에 다르게 반응한다고 이야기한다. 이 비유는 모든 사람이 하나님 나라를 개인적으로, 즉 인격적 결단을 통해 받아들여야 한다고 말한다. 당신에게는 어떤 말씀이나 깨달음이 이러한 개인적이고 인격적인 결단의 계기가 되었는지 돌아보고 나누어 보라.

2 씨 뿌리는 자의 비유는 또한 많은 사람들이 복음의 말씀을 기쁘게 받지만 열매 맺지 못하는 경우가 많을 것이라고 말한다. 이 비유에서 하나님 나라의 열매를 맺지 못하는 경우들을 살펴보고, 최근 자신에게 하나님 나라 열매를 맺지 못하게 가로막는 위험 요소가 무엇이 있는지 생각해 보고 나누어 보라.

7장 예수님의 하나님 나라 가르침 2: 종말 설교

그때에 그 환난 후, 해가 어두워지며 달이 빛을 내지 아니하며, 별들이 하늘에서 떨어지며 하늘에 있는 권능들이 흔들리리라. 그때에 인자가 구름을 타고 큰 권능과 영광으로 오는 것을 사람들이 보리라. 또 그때에 그가 천사들을 보내어 자기가 택하신 자들을 땅끝으로부터 하늘 끝까지 사방에서 모으리라.

-마가복음 13:24-27

예수님의 하나님 나라 가르침 중에서 '하나님 나라가 어떻게 시작되는가?'(씨 뿌리는 자의 비유와 천국 비유들)에 이어서 살펴보아야 할 부분은 '하나님 나라가 언제 완성되는가?'에 대한 가르침입니다. 소위 '종말 설교'라고 부르는 마가복음 13장(병행 본문은 마 24-25장과 눅 21:5-36)이 그 내용입니다. 이 장에서는 마가복음 13장을 중심으로 세상 끝 날, 즉 하나님 나라의 완성 시기에 대한 예수님의 가르침을 살펴보겠습니다.

종말 설교의 개요

마가복음 13장에서 감람산에 오르신 예수님은 성전을 바라보시며 그것이 곧 파괴될 것이라는 예언을 하십니다.[1] 예수님의 성전 파괴 예언은 제자들을 놀라게 했습니다. 유대인에게 성전은 단순한 건축물이 아니라 하나님이 이스라엘 가운데 내려오셔서 머무시는 장소였고 그래서 그들은 성전을 '하나님의 집'이라고 불렀습니다. 그들은 성전이 파괴되는 놀랄 만한 일이 언제 일어날지 묻습니다(1-4절). 그런 일이 다시 일어난다면, 주전 6세기 바빌로니아의 침략으로 솔로몬이 세운 첫 번째 성전이 파괴되었을 때처럼, 그것은 이스라엘 역사의 중대한 전환점이 될 사건이기 때문입니다. 예수님은 새로운 성전이 나타날 것이므로 스룹바벨이 건축하고 헤롯 대왕이 개축해 놓은 이 성전은 더 이상 쓸모가 없다고 보셨습니다. 예수님은 또 지상의 성소(헬, '나오스')를 허물면 사흘 만에 다시 세우겠다는 말씀을 하셨는데(막 14:58; 마 26:61; 행 6:14), 새롭게 세워질 성소는 자신의 몸(헬, '소마'; 참조. 요 2:21), 곧 예수님 자신이라고 하셨습니다(참조. 계 21:22).[2]

성전 파괴와 관련해서 제자들이 물은 것은 두 가지였습니다. "언제 이런 일들(헬라어로는 복수형)이 있게 됩니까? 그리고 이런 모든 일들이 완결되려 할 때 어떤 표적(단수형)이 있습니까?"(막 13:4, 저자 사역). 첫 번째 질문은 '언제?'이며, 두 번째 질문은 '어

떤 표적?'입니다. 두 질문에 대한 예수님의 답변 내용(막 13:5-27)
을 아래와 같이 분석해 볼 수 있습니다.

언제?

A (5-6절) 거짓 그리스도가 나타나 미혹함.
 B (7-8절) 전쟁이 일어남, 떨림과 굶주림이 있음.³
  C (9절) 핍박을 받고 회당, 공회, 이방인 왕의 재판정에 서게 됨.
   D (10절) 먼저 복음이 모든 민족에게 전파됨.
  C′ (11-13절) 핍박을 받고 재판정에 서게 됨.
 B′ (14-20절) 전쟁이 일어나 지상 성전이 파괴됨.
A′ (21-22절) 거짓 그리스도와 거짓 예언자가 나타나 기적을 행함.

어떤 표적?

(24-25절) 해와 달이 어두워지고(사 13:10) 하늘의 별이 떨어지고 능력들이 흔들리는(사 34:4) 일이 일어남.

보충 말씀

(29절) 이런 일들(복수형; 5-22절)을 보거든 (인자가, 혹은 때가) 가까이 문 앞에 이른 줄 알라.
(30절) 이 세대 안에 반드시 이런 일들이 일어나기 시작할 것이다.⁴
(32절) 그러나 그 날짜와 시각은 아무도 모른다.

이 내용을 살펴보면 다음과 같습니다. 첫째로, 제자들의 '성전 파괴 시기와 표적'을 묻는 질문에 대해 예수님은 자신의 '재림 시기와 표적'에 대한 말로 답변하십니다. 동문서답처럼 보일 수 있지만, 예수님의 대답을 이해하기 위해서는 성전 파괴 사건이 지닌 의미를 염두에 두어야 합니다. 예수님의 관점에서 곧 일어날 성전의 파괴는 지상의 성소가 하늘의 성소로 대치되기 위한 사건이므로, 지상의 건물 파괴 시점 그 자체보다도 그것이 완전히 대치되는 참된 성소이신 예수님의 재림이 더 중요합니다. 그런 이유 때문에 예수님은 제자들의 성전 파괴에 관한 질문의 초점을 좀 더 확대하여 새로운 성소의 완성, 즉 자신의 재림에 관한 질문으로 확장하신 후 대답하신 것으로 이해할 수 있습니다(26-27절). 그리고 제자들의 일차적 관심인 성전 파괴는 예수님의 재림에 앞서 일어날 여러 사건들 중 하나로 언급하십니다(14-20절; 비교. 눅 21:20-24).[5]

둘째로, 예수님은 '언제?'를 묻는 제자들의 질문에 그 정확한 날짜와 시각은 아무도 모른다고 하시고(32절), 대신에 그때가 오기 전에 여러 가지 사건들(5-22절)이 먼저 일어나야만 한다고 말씀하셨습니다(23-24절). 그런데 그 사건들이 대칭 구조(A-B-C-D-C′-B′-A′)로 배열된 점이 두드러집니다. 이러한 대칭 구조 배열은 이 사건들이 단순히 시간 순서로 일어나지 않음을 암시합니다. 예수님이 부활하신 이후 재림하실 때까지 거짓 예언자와 거짓 그리스도의 출현, 전쟁들, 그리스도인들의 핍박받음, 복음이 모든 민족에 전파됨 등의 사건이 일어날 텐데, 이 일들은 시간 순서가 아니라 아마도 동시적으로 또는 여러 곳에서 각각 다른 시기에 일어날 것입니다. 그리고 그 대칭 구조의 중심에 "먼저 복음이 모든 민족에게 전파되어야만 한다"(10절)는 말씀이 있습니다. 이것은 여러 가지 환난이 일어나고 진행되는 것과 동시에 가장 중요한 일, 즉 모든 민족에게 복음이 전파되는 일도 진행되며 그 일이 마칠 때에 예수님의 재림이 있을 것임을 말해 줍니다.●

셋째로, '무슨 표적?' 질문에 대해서는 예수님은 이사야의 예

● 종말에 대한 기독교 교리는 복음서에 기록된 예수님의 말씀을 굳게 붙잡는 정도로 충분하다. 천년왕국(계 20:1-6)과 재림 시점에 대한 다양한 이론들(전천년설, 후천년설, 무천년설)이 있으나 어느 하나가 교회의 필수 공통 교리가 된 것은 아니며 잠정적인 의견들이다. 그러므로 지나친 확신으로 한 가지 의견을 고집해서는 안 된다. 다만, 성경 본문의 오해에서 나온 '휴거'(rapture), '공중 재림'과 그 후에 올 '지상 재림'을 구분하는 이론은 성경 본문의 지지를 받기는 어렵다. 이 이론의 근거로 제시되는 살전 4:17에 나오는 '영접'('아판테시스')이라는 말은 도시를 방문하는 황제를 환영하기 위해 대표단이 성 밖에 나가 황제를 영접하고, 황제와 대표단이 함께 도시로 들어오는 이미지를 담고 있다[제임스 D. G. 던, 『바울 신학』(The Theology of the Apostles, 박문재 옮김, 크리스챤다이제스트, 2003), p. 425]. 그러므로 주님을 공중에서 '영접한' 성도들이 공중에서 7년간 있는 것이 아니다. 이런 해석은 19세기에 처음으로 나온 견해이며 그 이전까지 교회는 성도가 환난의 기간을 피하는 것이 아니라 그 안에서 하나님의 보호를 받는 것으로 늘 이해해 왔다(출애굽기의 열 가지 재앙을 떠올려 보라). 성도는 재림하시는 주님을 공중에서 영접한 후 그들이 주님을 맞이하기 위해 준비해 둔 장소인 그들의 도시, 즉 땅으로 주님과 함께 내려와 재림하신 주님과 함께 천년왕국을 경험하게 되는 것으로 이해해야 한다.

언을 인용하여 대답하셨습니다(24-25절). 이사야서의 문맥에서는 '해와 달이 어두워지고 별들이 떨어지는 것'이 당시의 악한 나라(바빌로니아와 에돔)에 대한 하나님의 심판이 임박함을 보여 주는 징조들입니다. 이사야서의 표현은 문맥 안에서 보면 자연 현상을 말하는 문자적 표현이 아니라, '두려운 날이 올 징조'를 문학적으로 표현한 것으로 보는 것이 자연스럽습니다. 그러나 이 말을 인용한 예수님의 말씀에서는 과거에 '문학적' 표현이었던 것이 미래에는 '문자 그대로' 성취될 수도 있겠다는 느낌이 들기도 합니다. 제자들의 질문이 '무슨 표적'이 있을 것인가 하는 질문임을 고려할 때, 예수님의 이 대답은 우선 문자적으로 이해해야 할 것 같습니다. 그러나 또한 현대 과학의 우주론에 비추어 보면 이 표현이 필연적으로 비유적 의미를 가질 수밖에 없다는 점도 고려해야 합니다. 그러므로 우리는 그 표적이 정확히 무엇인지 지금 정확히 규명할 수는 없지만 그것이 실제로 나타날 때 '바로 이것이 예수님이 말씀하신 그 표적이구나' 분명히 알 수 있게 되리라고 예상하는 정도에 그쳐야 할 것 같습니다.

종말 설교에 대한 응답

넷째로, 예수님의 하나님 나라 가르침의 전체 맥락에서 이 본문이 지니는 함의를 생각해 보아야 합니다. '씨 뿌리는 자의 비유'

에서 우리는 메시아가 오셨지만 심판이 연기되고 대신에 말씀의 씨 뿌림, 즉 복음 전파의 시기가 있을 것임을 알게 됩니다. 그런데 이 종말 설교 말씀에 의하면 복음 전파의 시기는 또한 제자 공동체가 핍박과 고난에 노출되는 시기입니다. 거짓 그리스도와 거짓 예언자가 출현하고, 곳곳에 전쟁이 일어나 사람들이 혼란에 빠지며, 복음 전파자들이 체포되어 법정에 세워질 것입니다. 이때 교회는 이런 의문을 품을 수 있습니다. 부활하신 '예수님이 하나님 우편에 앉아 세상을 통치하고 계신다면(행 2:35; 시 110:1), 왜 우리가 오늘날 이런 혼란과 고난을 경험하게 되는가?' 예수님은 그 이유를 말씀해 주시지는 않았습니다. 다만 "너희는 주의하여라. 내가 모든 것을 너희에게 미리 말하였다"(23절)라고 하시며 그런 일들이 일어날 때 놀라지 말라고 당부하셨습니다.●

특히, 오늘날 한국 교회는 거짓 예언자(타락한 교회 지도자)와

● 하나님이 우리를 사랑하신다면 왜 우리에게 고난이 있는가? 이것은 모든 그리스도인이 한 번쯤은 마음에 품어 본 질문일 것이다. 우리가 매우 궁금해하는 이 질문에 대해 예수님은 그 이유를 설명하지 않으셨다(눅 13:1-5; 요 9:1-9). 사도들도 예수님처럼 고난이 있는 이유를 설명하지는 않고, 고난은 있을 것이지만 그것이 하나님의 선한 목적을 좌절시키지 못하고, 오히려 그 목적에 기여하도록 하나님이 고난을 사용하신다고만 답한다(벧전 4:12-19; 약 1:2-4; 고후 1:3-11). 그러므로 우리는 예수님과 사도들을 따라, 고난의 이유를 함부로 설명하고 단언하기보다 고난당할 때 인내하면서 고난 가운데서도 하나님이 우리와 동행하심을 믿고(시 23:4-6), 고난 가운데 시험에 빠지지 않고 하나님이 준비하신 피할 길(헬, '엑바시스, 출구')을 발견하도록 기도해야 한다(고전 10:13).

거짓 그리스도(이단 교주)의 출현으로 몸살을 겪고 있습니다. 이럴 때일수록 우리는 예수님의 말씀으로 돌아가 숙고하며 그 말씀에 근거하여 분별력을 발휘해야 합니다. 예수님은 거짓 예언자를 분별하라고 하셨고, 그러기 위해 가르치는 자의 직위나 학위나 경력 등이 아니라 그 사람의 열매(즉, 예수님의 말씀대로 실천하는 행위와 태도)를 보라고 하셨습니다(마 7:15-20). 한 예언자나 교사에게서 나타나는 제자도의 열매를 시간을 두고 확인한 후에 그 가르침을 받아도 결코 늦지 않습니다. 우리는 무엇이든 빨리 믿으려고 급히 '아멘' 하거나, 내 마음에 들거나 그럴듯해 보이는 가르침이면 덥석 받으려 해서는 안 됩니다. 그런 식으로 '잘 믿는' 사람은 잘 속는 사람입니다. 제대로 잘 믿는 것은 빨리 강하게 믿는 것이 아니라, 예수님의 가르침 전체를 생각하며 **분별력**을 발휘하며 믿는 것입니다.[6] 옳은 가르침인지 모호할 때는 급히 믿지 말고 천천히 복음에 비추어 숙고해 보아도 됩니다.[7] 가르침과 교사를 신중히 분별하고 받아들이라는 주님의 경고 말씀을 가볍게 여기고, 비슷하니 믿고 보자는 식으로 순서를 바꾸면 미혹을 피할 수 없습니다.

마지막으로, 이 세대에 발생하는 모든 혼란과 고난에도 불구하고 교회는 난관을 극복할 것이고 복음 전파는 계속될 것입니다. 그리고 결국 모든 민족에게 복음이 전파될 것이며 그 이후에 예수님이 재림하실 것입니다. 주님의 재림은 무한정 미루어진 것이 아닙니다. 예수님의 승천 이후 지금까지의 역사는 예수님의 예고처럼 핍박과 거짓 예언자와 전쟁의 역사였고, 그런 중에도 교회의 복음 전파는 계속 확장되었습니다. 특히, 교회의 선교는 지난 세기에 비약적으로 진보하였고, 이제 복음은 거의 모든 민족에게 전파되었습니다. 현대의 이동과 통신 수단의 발달은 남은 복음 전파 사명의 완수를 더욱 가속화할 것입니다. 그러므로 지난 세기 초보다 오늘날 주님의 재림이 훨씬 더 가까워졌음이 분명합니다. 주님은 우리에게 '항상 깨어서 신실한 청지기처럼 주인이 각자에게 맡긴 사명을 성실히 행하고 있으라'고 말씀하십니다(막 13:33-37). 그러므로 히브리서의 권면처럼, "소망의 고백을 흔들리지 않도록 굳게 붙잡읍시다. 약속하신 그분은 신실하십니다. 서로 살펴보고 사랑과 선한 행위들을 자극합시다. 어떤 이들의 습관처럼 모이기를 그만두지 말고, 그날이 가까이 온 것을 보는 만큼 더욱 그렇게 서로를 격려합시다"(히 10:23-25, 저자 사역).

함께 생각해 볼 문제들

1 저자가 제시하는 마가복음 13장의 예수님의 종말 설교 해석과 한국과 미국의 교회에서 대중적 영향력을 발휘하고 있는 세대주의 전천년설의 종말론(인터넷 검색으로 쉽게 확인할 수 있다)을 비교해 보고 차이점이 무엇인지 정리해 보라.

2 마가복음 13장에 따르면, 예수님의 재림 전에 일어날 결정적으로 중요한 일은 복음이 모든 민족에게 전파되는 것이다. 인터넷의 발달로 지금은 20세기 초와 비교했을 때 복음이 모든 민족에게 전해지는 일에 획기적인 진보가 이루어졌다고 볼 수 있다. 그러므로 예수님이 재림하실 날도 더욱 가까워졌다고 말할 수 있다. 시한부 종말론(예수님 재림의 날짜가 우리에게 계시되었고, 일상생활을 중지하고 특정한 교회나 장소에 모여서 기다려야 한다는 주장)의 오류를 피하면서도, 예수님의 임박한 재림을 기다리는 올바른 태도는 무엇일지 의견을 나누어 보자.

8장 하나님 나라 복음과 십자가 복음

그들이 먹을 때에 예수께서 떡을 가지사 축복하시고 떼어 제자들에게 주시며 이르시되, "받으라. 이것은 내 몸이니라" 하시고, 또 잔을 가지사 감사 기도 하시고 그들에게 주시니, 다 이를 마시매, 이르시되 "이것은 많은 사람을 위하여 흘리는 나의 피 곧 언약의 피니라."

-마가복음 14:22-24

우리가 지금까지 살펴본 하나님 나라 복음의 관점에서 예수님의 십자가와 부활 사역을 어떻게 이해해야 할까요? 20세기 개신교 복음주의 교회가 전한 복음의 주된 내용은 '형벌대속론'이라고 말할 수 있습니다. 즉, 예수님이 십자가에서 죽으심으로써 우리의 죄에 대한 형벌을 대신 받으셨으므로, 예수님을 믿는 사람은 영원한 사망이라는 형벌을 면제받고 구원을 얻는다는 구원론 교리입니다. 바로 이 내용을 예화를 들어 가며 설득력 있게 설명하고 이 교리에 근거해 예수님을 믿도록 설득하는 것이 복음주의 교회의 전형적인 복음 설교 내용이었습니다. 이렇게 예수님의 십자가 죽음의 의미를 형벌대속론으로 설명하는 것은 성경에 근거를 두고 있습니다(신 21:22-23; 27:26; 사 53장). 그런데 이상한 현상은 예수님이나 사도들이 선포한 복음의 내용에는 형벌대속론이 전혀 없다고 할 수는 없겠지만 거의 드러나지 않는다는 점입니다.[1] 만일 형벌대속론이 복음의 핵심이라면 이것은 매우 이상한 일입니다.● 그러면 우리가 살펴본 하나님 나라 복음과 이러한 형벌대속론 중심의 복음(소위, 십자가 복음)은 어떻게 관련 있는 것일까요?

우리는 지금까지 하나님 나라 복음을 주로 구약성경과 복음서 말씀을 중심으로 살펴보았고, 그 복음이라는 말을 '예수 그리스도를 통해 하나님의 나라(통치)가 시작되었다는 기쁜 소식'이라는 의미로 생각해 왔습니다. 그러나 많은 사람들이 의심스러운 목소리로 "소위 하나님 나라 복음에는 왜 '십자가의 보혈'이 빠져 있는가?"라고 중요한 질문을 제기합니다. 아래에서는 우리가 살펴보는 예수님의 하나님 나라 사상의 틀에서 예수님의 십자가 죽

● 형벌대속론 교리는 1-5세기에는 오늘날과 같은 형태로 명료하게 정립되어 있지는 않았다. 성경에 나타나는 대표적 대리(representative substitution), 희생제사(sacrifice)의 개념은 초기부터 십자가를 설명하는 배경이 되었지만, 우리가 아는 현대적 의미의 '대리 형벌을 통한 형벌 면제'라는 개념은 16세기 종교개혁자 칼뱅에 와서야 명료한 언어로 제시된다. 이 교리의 역사적 발전에 대한 간략한 요약은 앤터니 티슬턴,『조직신학』(Systematic Theology, 박규태 옮김, IVP, 2018), 8장과 9장을 보라. 1-5세기 고대 교회가 십자가에 대해 어떻게 가르쳐 왔는지에 대한 자세한 설명은 J. N. D. 켈리,『고대 기독교 교리사』(Early Christian Doctrines, 박희석 옮김, 크리스챤다이제스트, 2004)를 보라.

음을 어떻게 이해할 수 있는지 한 가지 방식을 제시하고, 하나님 나라 복음이 어떻게 오늘날 교회에게 익숙한 '십자가 복음'을 좀 더 심오하게 조명할 수 있는지를 살펴보겠습니다.

예수님이 가르치신 십자가의 의미

첫째, 복음서에 따르면 예수님은 당신의 수난과 죽음(특히 사 53장과 슥 13:7) 그리고 부활이 성경에 이미 예언된 것이며 '하나님의 뜻'이라고 여러 번 말씀하셨습니다(막 8:31; 9:12, 31; 10:33-34, 45; 14:27-28). 예수님은 처음부터 십자가와 부활이 예언된 메시아로서 당신이 이루셔야 할 중요한 사명임을 인식하고 계셨습니다.

둘째, 복음서에서 이러한 예수님의 수난 예고 말씀들은 언제나 제자들에게 예수님을 따르는 모습이 어떠해야 하는지를 가르치는 말씀과 함께 나오는 점도 특별합니다. 그러므로 예수님의 십자가 죽음과 부활을 떠올리며 제자들이 먼저 기억해야 할 중대한 교훈은 참된 제자도에 대한 교훈입니다. 즉, (1) 제자가 되려면 예수님처럼 고난받을 각오를 하고 예수님을 따라야 하며(막 8:34-9:1), (2) 제자들 사이의 관계는 큰 자가 작은 자의 종이 되는 섬김의 공동체가 되어야 한다는 것입니다(막 9:33-37; 10:35-45). 그러므로 예수님의 십자가와 부활은 하나님의 구원의 방편이면서 동시에 참된 제자를 분별하는 제자도의 분별 기준이 됩니다. 자기 희생과 섬김의 모습을 띠지 않는 영성이나 신앙생활은 가짜이며 예수님을 따르는 제자도가 아닙니다.

셋째, 예수님은 당신의 십자가 죽음을 올바로 이해하도록 명확히 규정해 주는 두 가지 중요한 행위를 하셨는데, 그것은 세례 요한에게 세례를 받으신 사건(막 1:1-11)과 제자들과 마지막 유월절 만찬을 가지며 성찬식을 제정하신 일(막 14:22-25)입니다(5장 참조). 예수님의 하나님 나라 사역의 맨 처음에 세례 요한에게 세례를 받으신 사건이 있습니다. 예수님이 자신에게 세례를 받으려고 나오시자, 세례 요한은 '당신은 제게 세례를 받으실 분이 아니라 제게 세례를 주셔야 할 분'이라고 말합니다. 그러나 예수님은 자신이 요한의 세례를 받는 것이 '모든 의를 이루는 것'이라고 답하십니다(마 3:14-15). 이 세례는 예수님이 이스라엘 백성과 자신을 동일시하며 연합하신 사건이었습니다. 왜냐하면 이 연합을 통해 예수님은 상징적으로 이스라엘의 대표자가 되셨고, 하나님 아버지는 예수님이 하나님의 장자, 새로운 이스라엘이심을 나타내셨기 때문입니다(막 1:11; 출 4:22; 호 11:1).

당시 유대교 배경에서 "회개하라, 천국이 가까이 왔느니라"(마 3:2)라는 선포와 함께 주어진 요한의 세례는 매우 독특한 것입니다. 구약성경 시대에는 이와 유사한 의식이 없었으며, 당시 유대교에도 동일한 형태의 의식은 전혀 없었습니다.[2] 그런데 구약성경 예언 중에서 요한의 세례 사역의 의미를 조명해 줄 수 있는 말쏨이 두 군데 나오는데, 이사야 40:1-11과 에스겔 36:21-27입니다. 이 두 말씀을 요한의 사역과 관련이 없다고 판단해 제외해 버리면 세례 요한의 독특한 세례 사역에 대해 구약성경을 근거로 설명할 방법이 완전히 없어져 버립니다. 전자는 요한이 메시아의 길을 예비하는 선구자로서 왔음을 말해 주는 예언이고, 후자는 요한의 세례가 하나님의 백성이 더럽힌 '하나님의 이름을 다시 거룩하게 하기 위해' 하나님의 백성을 정화하는 씻음의 사역임을 암시합니다. 이 에스겔의 예언에서 특히 눈길을 끄는 부분은 물로 씻음에 이어서 성령이 부어질 것이라는 약속이 나오는 점인데, 이것은 세례 요한이 '자신은 물로 세례를 주지만 메시아가 오시면 성령으로 세례를 주실 것'이라고 언급한 것과도 관련이 있어 보입니다(막 1:8).

예수님 자신은 하나님을 향해 돌이켜야 할 필요가 없으므로, 요한이 주는 '회개'(즉, 돌이킴, 생각을 고쳐먹음)의 세례도 받으실 필요가 전혀 없었습니다. 그러나 위 구약성경의 두 예언에 비추어 볼 때, 예수님이 요한의 세례를 받으신 것은 예수님 자신의 회개를 위한 것이 아니라, 하나님이 이스라엘과 맺은 언약에 따라 작정하신 의로운 계획을 이루기 위해 이스라엘의 대표자로서 세례를 받으셨음을 짐작할 수 있습니다. 이 과정을 통해 예수님은 장차 이스라엘의 대표자로서 죽고 다시 살아나실 일을 준비하신 것입니다.

이제 성만찬을 살펴보겠습니다. 예수님의 성만찬 제정과 십자가 죽음은 유월절에 일어난 사건입니다. 즉, 예수님은 유월절 축제 기간에 당신이 죽임당할 것을 예견하시고 성만찬을 제정하시면서(눅 22:19) 당신의 십자가 죽음을 '새로운 출애굽' 사건으로 이해하도록 만드셨습니다. 유월절은 하나님이 이집트의 압제로부터 이스라엘 백성을 해방해 끌어내시고(출 12장) 언약을 맺으심으로써(출 24장) 그들을 새로운 하나님의 백성으로 창조하신 출애굽 사건을 기념하는 절기입니다. 이 첫 번째 출애굽 사건에서 이스라엘은 이집트 제국에 노예 된 상태(사탄의 외부로부터의 억압을 상징함)로부터 풀려난 후, 내면의 부패(원망, 불신, 우상숭배 등 죄의 내부로부터의 속박을 상징함)를 극복하도록(출 15:26, "나는 너희를 치료하는 여호와임이라") 번제와 화목제 황소의 "언약의 피"(출 24:5, 8)로써 하나님과 언약을 맺고 율법을 부여받습니다. 이에 대응하는 새로운 출애굽 사건은, **예수님이 하나님 백성의 대표자로서 유월절 양과 언약의 제물이 되셔서 십자가에서 '언약의 피'(막 14:24)를 쏟으심을 통해 예수님을 믿는 자들이 하나님과 새 언약을 맺고, 하나님이 그들을 사탄의 외적 억압과 죄의 내적 속박으로부터 해방하여 하나님 백성으로 창조하시는 사건입니다.** 여기서 요점은, 첫 번째 출애굽과 새로운 출애굽 모두 하나님이 사람들을 사탄과 죄의 억압으로부터 구속(헬, '아페시스': 속량, 해방, 사함)하여 그들과 언약을 맺고 하나님의 백성으로 만드시는 사건이라는 점입니다.

십자가는 어떻게 우리를 구원하는가

넷째, 그렇다면 예수님의 십자가 죽음이 '어떻게' 사람들을 죄와 사탄으로부터 구속하는가 하는 질문이 생깁니다. 이 '어떻게'를 설명하는 이론 중 하나가 우리에게 익숙한, 예수님이 우리 죄를 대신해서 형벌을 받으셨다는 형벌대속론 교리입니다. 그런데 복음서와 사도행전의 사도들의 설교에서는 뜻밖에도 이 '어떻게'에 대한 상세한 설명이 나오지 않습니다. 이와 관련해서 신약성경에 나오는 가장 상세한 설명은 사도 바울이 로마서 6-8장에서 제시한 설명인데, 형벌대속론과는 조금 다릅니다.

사도 바울의 로마서로 가기 전에 먼저 전제가 되는 복음서와 사도행전의 복음 선포 내용을 요약하겠습니다. 예수님은 세례를 받으심으로써 하나님의 백성 이스라엘과 자신을 연합하셨고, 그로 인해 예수님의 죽음은 하나님 백성 이스라엘의 죽음이 되고, 그분의 부활은 이스라엘의 부활이 됩니다. '메시아 예수를 통해 하나님 나라가 도래했다'는 하나님 나라 복음을 듣고 '예수님을 믿는'(다른 말로는, '하나님의 통치를 가져오신 분이 바로 예수님임을 믿는' 또는 '예수님 안에서 하나님이 당신의 통치를 실현하고 계심을 믿는') 사람들은 예수의 이름으로 세례를 받게 됩니다(행 2:38).

여기서 출발하여 바울은 로마서 6장에서 신자들이 받는 세례의 의미를 좀 더 자세히 설명하면서, 예수님의 십자가와 부활이 어떻게 신자들을 구원하는지를 제시합니다. 첫째, 우리는 예수님의 이름으로 세례를 받을 때, 그분 "안으로"(헬, '에이스', into) 들어가 예수님과 연합하게 됩니다(롬 6:3). 이 부분을 새한글성경은 이렇게 옮기고 있습니다.

여러분은 모르십니까? 세례를 받아 그리스도 예수님 안에 들어가 있게 된 우리가 세례를 받아 그분의 죽음 안으로 들어갔다는 것을요? (롬 6:3)

그리하여 예수님과 연합한 우리에게는 예수님의 육신의 죽음이 우리의 육신의 죽음이 되고, 우리가 정말로 죽었기 때문에 죽은 자로서 죄의 속박에서 풀려나게(사함받게!) 됩니다(롬 6:7).

둘째, 예수님과의 연합 때문에 예수님의 부활도 우리의 부활이 됩니다. 그래서 우리는 다시 살아나서(즉, 거듭나서) 하나님을 향한 새로운 삶을 살 수 있는 새로운 가능성을 받게 됩니다.

그분이 죽으신 것은 죄의 지배를 끝장내려고 단 한 번 죽으신 것입니다. 그분이 사시는 것은 하나님을 바라보며 계속 살아가시는 것입니다. 이와 같이 여러분 자신들도, 여러분이 죽어서 죄의 지배를 끝

장냈고, 그리스도 예수님 안에서 하나님을 바라보며 살아간다고 여기십시오. (롬 6:10-11, 새한글성경)

셋째, 이 새로운 가능성을 현실로 실현할 수 있도록, 예수님은 새 언약의 선물인 성령님을 우리에게 보내 주십니다(요 7:37-39). 성령님은 우리 안에서 우리를 내면으로부터 변화시켜 나가시며 율법의 요구, 즉 의로운 하나님의 백성이 되라는 요구를 성취하게 만드십니다(롬 8:4). 우리는 성령의 도우심을 힘입어 죄의 영향을 오래 받아 온몸의 습관들(헬, '프락세이스', patterns)을 깨뜨려 나가며 성령님께 이끌리는 삶을 살게 됩니다.

여러분이 육체를 따라서 살면 죽을 것이지만, 성령과 함께 몸의 습관들을 죽이면 살 것입니다. 누구든지 하나님의 영에 이끌리는 사람들, 이들이 하나님의 아들들입니다. (롬 8:13-14, 저자 사역)•

• 여기서 **육체**(헬, '사르크스')와 **몸**(헬, '소마')의 명확한 개념 구별이 필요하다. 바울의 로마서 문맥에서는 '육체'란 **죄와 단단히 결합한 상태의 몸**으로 이해하는 것이 좋다. 반면, '몸'은 가치 중립적인 용어로서 우리의 **생물학적인 몸**으로 보면 된다. 몸이 '죄'(Sin, 단수 명사로서 죄의 세력을 의인화한 바울의 표현)와 오래 연합되어 있었기에 몸은 죄를 따르는 습관, 즉 육체의 습관들(patterns)을 가지고 있다. 뇌과학적으로 말하면, 우리 뇌에 오래 형성되어 온 신경 세포들의 연결 패턴들이 존재하는 것이다. 성령님께 이끌리며 성령의 도우심으로 이 오래된 습관들을 깨뜨리면서, 요한복음 13-17장에서 말씀하시듯이 성령과 함께 우리의 몸으로 예수님의 명령들을 반복해서 실천하며 새로운 습관들을 만들어 나가는

넷째, 바울은 로마서의 핵심이 되는 6-8장에서, 세례를 통한 예수님과의 연합의 결과로, 우리는 첫 번째 적인 '죄'의 지배로부터 해방되었고(8:2), 예수님 안에서 우리에게 부어진 성령의 도우심으로 죄의 남은 영향으로부터도 실제적 해방을 추구할 수 있다고 말한 뒤에(8:13-14), 두 번째 적인 '사탄'으로부터의 해방에 대해서도 말합니다(8:31-39). 사탄이라는 이름을 직접 언급하지는 않지만, 대적하고(31절), 고소하고(33절), 정죄하고(34절), 핍박한다(35절)는 말로써 사탄(이름의 의미 자체가 '고소자'라는 뜻)과 그의 조종을 받는 꼭두각시들의 행위들을 암시하고 있고, 하나님의 사랑이 그런 행위들로부터 하나님의 백성을 구원하고 보호하심을 감동적으로 선언합니다.

> 내가 확신하노니, 사망이나 생명이나 천사들이나 권세자들이나 현재 일이나 장래 일이나 능력이나 높음이나 깊음이나 다른 어떤 피조물이라도, 우리를 우리 주 그리스도 예수 안에 있는 하나님의 사랑에서 끊을 수 없으리라! (롬 8:38-39)

다른 곳이 아니라 바로 이 부분이 바울 사도가 선포한 복음의 절정입니다. 바울 사도의 복음은 바로 이 말 안에 요약되었습니다.

것이 영생(영원한 시대, 다가올 세상에 속한 삶)이다.

"우리 주 그리스도 예수 안에 있는 하나님의 사랑!"

이렇게 제시된 십자가와 부활 이해는 형벌대속론이 제시하는 법률적 개념을 배제하지 않으면서도, 좀 더 풍부하고 직접적인 성경적 근거를 가집니다. 무엇보다도 우리가 탐구해 온 예수님의 하나님 나라 사상과 자연스럽게 호환되며, 바울의 십자가 복음의 핵심이 됩니다. 형벌대속론은 십자가의 의미를 '대리 형벌을 통한 죄책의 제거'라는 구체적인 법률적 개념으로 너무 좁게 초점을 맞춥니다. 크게 잘못된 것은 아니라 할지라도 사도들이 제시한 원본 그림 위에 굵은 선을 그어 놓은 것입니다. 반면, 예수님의 성만찬 제정 말씀은 구약성경의 출애굽 사건에 비추어 예수님의 십자가와 부활을 새 언약 사건으로 이해하게 합니다. 첫 번째와 두 번째 출애굽 사건은 모두 사탄과 죄로부터 해방된 하나님 백성의 탄생이라는 의미를 지닌 총체적 구원 사건입니다.[3] 또한 예수님의 말씀 속에서는 십자가와 부활이 항상 하나의 쌍으로 결합되어 나옵니다(막 8:31; 9:31; 10:34-35). 그 둘은 분리될 수 없는 하나로서 '새로운 출애굽' 사건이기 때문입니다. 예수님의 십자가와 부활의 결과로, 예수님을 믿고 그분 '안으로' 세례받은 신자들에게는 성령이 부어져 하나님의 새로운 백성으로 거듭나며, 그들은 새로운 출애굽을 경험합니다.

여기서 우리가 마지막으로 주목해야 할 부분은 하나님 나라 복음의 관점에서 볼 때, **예수님의 십자가와 부활 사역의 목적이**

단지 개인들의 구원이 아닌, 새로운 출애굽, 새로운 언약, 새로운 하나님 백성의 창조라는 점입니다. 이 새로운 하나님의 백성은 산상수훈에서 예수님이 말씀하신 세상의 소금과 빛(마 5:13-16), 산 위의 도시(마 5:14; 사 2:2-4)가 되어야 할 제자 공동체, 즉 교회입니다.

하나님 나라 복음 선포를 듣고 예수님을 믿고 세례받은 사람들은 예수님 안으로 들어와서 그분과 연합하여 새 생명을 얻었습니다. 그들은 예수님과 함께 죽었기에 죄로부터 해방되었고, 성령님과 동행하기에 죄의 습관을 따르지 않고 '성령의 새로운 것'(롬 7:6)으로 하나님을 섬깁니다. 그들은 항상 그리스도 예수 안에, 하나님의 사랑 안에 있으므로 사탄이 그들을 침해할 수 없습니다. 그들은 예수님의 명령들(특히, 산상수훈)을 실천하는 모습을 보이므로 세상은 그들이 예수의 제자임을 알아볼 수 있습니다. 그들은 예수님이 행하셨던 '말씀의 씨를 뿌리는 사역'(마 13장)을 이어받아 땅끝까지 나아가 복음을 선포하며, 하나님은 그들을 통해 모든 민족과 온 창조 세계를 구원하시는 하나님의 선교를 성취해 나가십니다(마 28:18-20; 막 16:15).

함께 생각해 볼 문제들

1 저자는 예수님의 대표적인 행위 예언인 세례와 성만찬이 예수님의 십자가 죽음의 의미를 밝혀 주는 사건이라고 주장한다. 두 사건이 어떤 면에서 십자가의 의미를 해석하는 지침이 될 수 있는지 당신 자신의 말로 설명해 보라.

2 "십자가가 어떻게 우리를 구원하는가?"라는 질문에 대해 저자는 복음서와 사도행전의 가르침을 요약한 뒤, 사도 바울의 로마서 6-8장 가르침의 내용을 설명하고 있다. 이 설명 중에서 당신에게 새롭게 와닿은 부분은 무엇인지, 또 최근 당신의 신앙생활에 비추어 특별히 중요하게 느껴지는 부분이 무엇인지 나누어 보라.

9장 하나님 나라 복음과 부활

> 그러나 그날 후에 내가 이스라엘 집과 맺을 언약은 이러하니, 곧 내가 나의 법을 그들의 속에 두며 그들의 마음에 기록하여, 나는 그들의 하나님이 되고 그들은 내 백성이 될 것이라. 여호와의 말씀이니라.
>
> —예레미야 31:33

예수님의 부활은 기독교 신앙을 떠받치는 유일무이한 기둥이 되는 사건입니다. 예수님의 부활 때문에 사도들은 비로소 예수님을 하나님이 세우신 **메시아**(헬, '크리스토스': **기름 부음 받은 자**)로 확신하게 되었습니다(행 2:36). 예수님의 부활은 예수님이 하셨던 말씀과 사역이 모두 하나님으로부터 난 것임을 확증해 주었습니다. 오늘날 많은 사람들은 기독교 신앙의 출발점이 성경에 대한 믿음이라고 생각합니다. 이것은 과거 많은 교리 교과서의 목차가 그렇게 되었기 때문에 생겨난 오해인 것 같습니다. 사실 기독교 신앙의 출발점이자 전제는 예수님의 부활입니다. 예수님이 부활하셨기에 그분이 하나님의 아들이심이 확인되었고, 그분이 진짜 하나님의 아들이시기에 우리는 그분 말씀의 권위를 따라 성경을 하나님의 말씀으로 받아들입니다. 즉, 구약성경은 예수님이 그것을 하나님의 말씀으로 받아들이셨기에, 또 신약성경은 예수님에 대한 사도의 신실한 증언이기에 성경으로 받아들이는 것입니다.[1]

그렇다면 예수님의 부활을 믿는다는 것이 무엇일까요? 첫째로는 예수님의 부활이 정말로 일어난 일임을 역사적 근거들에 기초해 믿는 것입니다. 이 근거들이란 기본적으로 부활을 목격한 사람들의 증언들이며, 또한 이후에 일어난 사건들과 정황들입니다. 둘째로는 예수님의 부활이 무엇을 의미하는 사건인지를 알고 믿는 것입니다. 첫 번째 부분은 참고 자료를 소개하는 것으로 대신하고,[2] 이 장에서는 두 번째 부분에 초점을 맞추고자 합니다.

십자가와 부활과 관련해서는 너무도 많은 책과 글들이 있습니다. 그러나 오히려 그 수많은 유익한 말들 때문에, 십자가와 부활에 관해 제시된 많은 다양한 이론과 이미지들 때문에, 그 모든 내용을 일목요연하게 통합할 수 있는 중심 이미지가 무엇인지를 파악하기가 어렵습니다. 지난 장에 이어서 이번 장에서도 저는 그 중심 이미지를 '예수님을 통한 새로운 출애굽과 새 언약'으로 보는 것이 예수님 말씀에 직접 근거를 둔 좋은 관점이라고 말하고자 합니다. 이런 관점에서 볼 때, 예수님의 중심 가르침이었던 하나님 나라 복음과 제자 공동체의 사명이 더 분명하게 부각되기 때문입니다.

새 언약의 관점으로 본 부활

지난 장에서, 예수님의 세례받음과 성찬식 제정 말씀에 근거하여 예수님의 십자가와 부활의 가장 중요한 의의는 '새 언약'(막 14:24; 눅 22:20)의 체결임을 언급했습니다. 따라서 예수님의 부활 이후에 그 성취로서 드러나야 할 가장 중요한 일들을 파악하기 위해서도 구약성경에 나오는 '새 언약' 관련 예언들을 살펴보아야 합니다. 예레미야 31:31-34과 앞에서도 몇 번 언급했던 에스겔 36:21-27이 바로 그 예언들입니다.

예레미야 31:31-34의 예언에 따르면, 하나님이 이스라엘과 맺으실 새로운 언약의 특징은 (1) 하나님의 법을 하나님 백성의 마음에 새기심, (2) 그들이 하나님을 인격적으로 알게 됨, (3) 하나님이 그들의 죄를 용서하심입니다. 에스겔 36:21-27의 예언에서는 (1) 이스라엘 백성을 포로에서 해방하심, (2) 물을 뿌려 깨끗하게 하심, (3) 새 영과 새 마음을 주심, (4) 하나님의 율례를 행하도록 도우심, (5) 풍성한 삶을 살게 하심을 약속하고 계십니다. 그러므로 예수님의 십자가와 부활을 통해 새 언약이 체결되었다면, 그 이후에 일어나리라고 예상할 수 있는 중요한 일들은 바로 죄를 용서받고, 성령이 부어지고, 하나님의 백성이 하나님의 법(겔 36:27)을 행하게 되는 일임을 알 수 있습니다. 오순절 날 사도 베드로의 복음 선포도 바로 그런 내용으로 나타납니다.

그런즉 이스라엘 온 집은 확실히 알지니, 너희가 십자가에 못 박은 이 예수를 하나님이 주와 그리스도가 되게 하셨느니라" 하니라. 그들이 이 말을 듣고 마음에 찔려 베드로와 다른 사도들에게 물어 이르되, "형제들아 우리가 어찌 할꼬" 하거늘, 베드로가 이르되, "너희가 회개하여 각각 예수 그리스도의 이름으로 세례를 받고 죄 사함을 받으라. 그리하면 성령의 선물을 받으리니…" (행 2:36-38)

예수님의 십자가와 부활은 이스라엘의 대표자가 되신(세례받음의 의미) 예수님이 죽으시고 부활하심으로써 이스라엘과 하나님 사이에 새로운 언약이 맺어진(성찬식의 의미) 사건입니다. 그리고 대표자 **예수님의 부활은 곧 이스라엘의 부활이 되어 새로운 하나님 백성이 출현하는 사건**이 됩니다. 이 새로운 이스라엘은 믿음과 세례를 통해 예수와 연합한(롬 6:3-4) 사람들로 구성됩니다. 이들은 예수님의 죽음과 연합함으로써 죄로부터 해방되었을 뿐 아니라(롬 8:3), 예수님의 부활에도 연합하였으므로 부활의 보증이신 성령님이 그들 안에 내주하시며(고전 3:16; 6:19; 롬 8:9; 요 7:37-39) 장차 일어날 몸의 부활에 참여할 것입니다(롬 8:11).

부활의 보증이신 성령님은 신자들 안에서 무슨 일을 하실까요? 바로 예레미야와 에스겔의 예언을 성취하십니다. 하나님의 법을 마음에 새기시고(렘 31:33) 신자들에게 내주하여 동행하시면서 그들로 하여금 그 법을 실행하도록(겔 36:26-27) 도우십니다. 부활의 영인 성령님은 신자들이 부활한 새로운 이스라엘로서 살아가도록 생명력을 주십니다. 그러므로 부활을 상상할 때 새로운 물질로 된 몸을 입고 공간과 차원을 넘나드는 초능력 인간을 상상해서는 안 됩니다. 부활의 성취이신 성령님이 이미 오셨지만 그런 초능력자들이 출현하지는 않았습니다. 그 대신 **성령님은 신자들 안에 내주하시며 예수님의 명령들을 실행하고 살아 내는 참된 인간, 참된 하나님 자녀가 되도록 그들을 이끄십니다.**

또한 '부활의 삶'은 미래에 몸의 부활에 참여할 사람들이 장차 완성될 하나님 나라 안에서 살아갈 삶입니다. 그런데 이 삶의 특징은 에스겔의 표현을 따르면 '하나님의 율례를 실천하는 삶'입니다(겔 36:27). 예수님의 표현으로 번역하면, '산상수훈 말씀을 듣고 그대로 행하는 삶'입니다(마 7:24-27). 이것은 성령님을 통해 지금부터 이미 가능하게 되어 있습니다. 성령님 때문에 신자들은 아직 부활하지 않은 몸 안에서 마치 이미 부활한 사람처럼 살아갈 수 있게 된 것입니다. 몸의 부활은 아직 이루어지지 않았지만, 그 부활의 생명이신 성령님이 내주하신다는 약속이 벌써 성취되었기 때문입니다. 그런 의미에서 사도들은 한목소리로 이렇게 강권합니다. '여러분은 이미 부활한 사람들입니다. 부활한 사람답게 사십시오!'(벧전 1:21-23; 요일 5:13; 롬 6:11) 물론 이런 삶은 성령의 도우심을 구하는 기도와 간구를 통해 가능해집니다(마 7:7-11).

부활의 미래적 측면

지금까지 부활의 현재적 측면을 언급했다면, 부활에는 미래적 측면도 있습니다. 예수님의 부활은 신자들에게 이미 시작된 부활을 성령님의 도우심으로 지금 살게 할 뿐 아니라, 장차 불멸의 몸을 입을 일을 소망하게 합니다(고전 15:50-54). 예수님의 부활은 단순히 한 사람이 잠시 죽었다가 살아나고 결국 다시 죽는 사건이 아니라, 썩을 수밖에 없던 사람의 몸이 불멸의 몸으로 변화되는 사건입니다. 마지막 때에 하나님이 죽음 자체를 소멸하실 것에 대한 예언이 이사야 25:6-8, 26:19과 다니엘 12:2-3에 나타나는데, 예수님의 부활은 그 첫 번째 성취입니다. 그리고 마지막 날에 예수님 안에 있는 모든 사람이 예수님이 보여 주신 **몸의 부활**을 경험하며 죽음을 영원히 이기신 예수님과 함께할 것입니다.[3]

몸의 부활 예언과 함께 우리가 마지막 날에 성취되기를 기다리는 또 다른 부활 예언은 이사야 11:1-10과 65:17-25에 나오는 **창조 세계의 부활** 예언입니다. 하나님은 새 하늘과 새 땅을 창조하시고 그 안에서 사람과 동물들이 모두 함께 평화와 번영을 누리는 세상을 이루겠다고 약속하셨습니다(계 21:1-5). 그리고 예수님의 부활은 모든 창조 세계 부활의 첫 신호탄입니다. 예수님 안에서 첫 창조가 존재했던 것처럼, 부활하신 예수님 안에서 온 창조 세계가 새롭게 부활하여 존재할 것입니다(골 1:15-20). 모든 창조물이 이 부활에 참여하기를 기대하며 간절히 기다리고 있습니다(롬 8:19-22).

오늘날 부활과 관련하여 가장 간과되는 부분은, 부활의 영이신 성령님이 오심으로써 산상수훈을 실천하는 제자 공동체(즉, 새로운 이스라엘로서의 교회)가 출현하게 되었다는 사실입니다. 예수님의 부활은 이스라엘의 부활이며, 세례로 메시아와 연합하여 성령을 선물로 받는 새로운 인류를 탄생시키는 사건입니다. 그리고 성령님은 예수님의 부활이 이루고자 한 목표, 곧 하나님의 이름을 거룩하게 할 새로운 이스라엘의 출현(겔 36:23; 마 5:13-16)을 성취하는 영이십니다. 그러므로 성령님은 모든 참된 그리스도인을 예수님의 말씀에 귀 기울이고 그 말씀을 실천하는 부활의 삶, 곧 산상수훈의 제자도를 실현하는 삶으로 이끄십니다.

함께 생각해 볼 문제들

1 예수님이 죽은 자들 가운데서 부활하신 것은 죽음의 권세를 영원히 무찌르신 사건이다. 이 부활이 우리에게 주는 혜택은 현재적 측면(예수님과 성령님 안에서 누리는 하나님과 동행하는 삶, 새로운 생명)과 미래적 측면(죄와 죽음의 영향으로부터 완전히 벗어나는 새로운 몸을 입게 됨)으로 구분해 볼 수 있다. 이러한 부활에 대해 완전히 확신하는 복음적 세계관을 가진다면, 당신에게 죽음의 의미는 어떻게 달라지겠는가?

2 부활의 복음을 알지 못하기에 죽음의 권세를 고스란히 경험해야 하는 우리의 주변 문화 속에서 사람들이 죽음을 어떻게 받아들이는지 살펴보라. 그런 태도와 죽음을 이기신 예수님 안에서 그리스도인들이 죽음을 받아들이는 태도를 비교할 때, 어떤 차이점이 있는가?

3부
하나님 나라 복음의 실천

10장 하나님 나라 복음과 제자도

하늘과 땅 위에 있는 모든 권세가 나에게 주어졌다. 그러므로 너희는 가서 모든 민족을 제자 삼아라. 그들에게 아버지와 아들과 성령의 이름으로 세례를 주고, 그들을 가르쳐서 내가 너희에게 명령하였던 모든 것들을 지키게 하여라. 보라, 나는 세상이 끝날 때까지 모든 날에 너희와 함께 있다.

-마태복음 28:18-20, 저자 사역

나의 명령들을 소유하고 있으며 그것들을 지키는 자, 그 사람이 나를 사랑하는 사람이다. 나를 사랑하는 사람은 내 아버지로부터 사랑을 받을 것이고, 나도 그를 사랑할 것이며 그에게 나 자신을 나타낼 것이다.

-요한복음 14:21, 저자 사역

예수님이 행하신 하나님 나라 복음 전파의 가장 중요한 목표는 새로운 이스라엘인 제자 공동체를 탄생시키는 것이었습니다. 하나님 나라가 이 땅에 임하였음을 보여 줄 새 이스라엘, 새로운 인류(엡 2:15)를 창조하시는 것이었습니다. 이 제자 공동체는 성령님의 도우심으로 부활의 삶을 지금 이곳에서 앞당겨 실현하며 살아깝니다. 그들은 예수님의 부활과 함께 옛 시대가 지나가고 새로운 생명의 시대가 도래했음을 알리는 전위 부대입니다. 예수님은 이 제자 공동체를 '세상의 소금과 빛'이라고 하시며, 그들 때문에 사람들이 '하늘에 계신 아버지께 영광을 돌리게' 될 것이라고 말씀하셨습니다(마 5:13-16).

이 장 서두에 인용한 마태복음 28장은 한국 복음주의 기독교의 해외 선교 부흥이 일어나기 시작했던 1980년대 이후 20여 년간 아마도 가장 빈번하게 인용된 말씀일 것입니다. 이 말씀을 자세히 살펴보면, '가서 제자 삼아라'라는 한 가지 명령(명령형 동사)과 그 제자 삼는 일의 구체적 내용으로 '세례를 주는 것'과 '가르쳐서 지키게 하는 것' 두 가지(분사형 동사)가 제시되어 있습니다. 하나님이 당신의 나라가 '말씀의 씨 뿌림'을 통해 확장되도록 계획하셨기 때문에, 예수님은 제자들을 파송하여 세상으로 나가 복음을 전파하게 하십니다. 그들은 '씨 뿌리는 자의 비유'(마 13장)에 나타난 씨 뿌리는 사람처럼, 두루 다니며 '하나님 나라가 왔고 예수님을 믿는 사람은 죄와 사탄으로부터 해방되고 하나님의 백성이 된다'는 하나님 나라의 복음을 선포합니다. 이 복음을 듣고 믿는 사람에게는 세례를 주어, 그로 하여금 그리스도 안으로 들어가 그리스도와 연합하고(롬 6:3-4), 죄 사함(롬 6:6-7)과 성령을 선물로 받게(롬 8:2-4; 행 2:38) 합니다. 그리고 성령의 내주하심을 얻은 사람들은 예수님의 명령들을 실천하며 살아가는 제자 공동체 곧 교회를 이룹니다.

제자도의 의미

이 말씀을 관찰해 볼 때 특히 주목할 부분은 '제자 삼아라'라는 명령의 내용으로서 제시된 "그들을 가르쳐서 내가 너희에게 명령하였던 모든 것들을 지키게 하여라"라는 말씀입니다. 먼저, 예수님이 "명령하였던 모든 것들"은 무엇을 의미할까요? 이 표현이 단수가 아니라 복수이므로, 그것은 한두 개로 축약된 원리가 아니라 문자 그대로 예수님이 제자들에게 하셨던 모든 명령들이라고 생각해야 합니다.[1] 마태복음을 쓴 사도 마태는 예수님의 이 마지막 명령(28:19-20)에 순종하기 위해 의도적으로 예수님의 말씀들을 복음서 안에 일목요연하게 정리해 놓았습니다. 그의 복음서 안에 예수님의 주요 말씀들을 다섯 개의 그룹으로 모아 놓은 것입니다.[2] 예수님은 사도들에게 당신의 명령들을 '가르쳐 지키게 하라'고 사명을 부여하셨습니다. 그러므로 우리는 사도들로부터 예수님의 명령들을 '배우고 지켜야 할' 과제를 받은 것입니다. 넓은 의미에서 신약성경 전체가 바로 이 과제를 위해 쓰인 것입니다.

오늘날 우리는 **신앙생활의 초점이 예수님의 말씀들을 철저히 배우고 예수님의 명령대로 살아가는 것**에 맞추어져 있는지 돌아보아야 합니다. 다른 모든 일들은 이 초점을 위한 보조 도구일 뿐입니다. 하나님 나라 복음을 제대로 알고 있다는 증거는 예수님의 말씀을 깨달아 실천하는 삶의 열매를 맺는 것입니다. 이 일에 의식적으로 초점을 맞추지 않고 있으며, 예수님 말씀대로 살아가는 열매도 없다면, 그 사람은 지금 바위가 아니라 모래 위에 집을 짓고 있는 것입니다(마 7:24-27). 따라서 무엇보다도 그리스도인들은 예수님의 말씀들을 철저히 알아야 합니다. 여러 말씀 중에서도 가장 중요한 부분인 산상수훈(마 5-7장)부터 공부하고 실천해야 합니다. 성경 66권 전부를 개관하고 통독하는 것도 좋지만, 한두 번 그렇게 준비 운동을 한 뒤에는 과녁을 더 정확히 조준해야 합니다. 예수님의 가르침과 사상의 핵심이 담긴 산상수훈부터 시작해 예수님의 말씀을 날마다 읽고 묵상하고 암송하고 성령의 도우심을 힘입어 실천해 나가야 합니다. 이것이 바로 하나님 나라 복음이 제시하는 큰 그림을 깨달은 사람들의 제자도입니다.

요한복음 14:21도 같은 말씀입니다. 우리에게 익숙한 개역개정판에서 이 구절은 "나의 계명을 지키는 자라야 나를 사랑하는 자니"라고 번역되어 있는데, 두 가지 짚어 볼 점이 있습니다. 첫째로, 요한복음에 나오는 고별 설교(13-17장)의 중요한 부분에서 예수님의 '명령들'(또는 계명들)은 모두 복수형이지 단수형이 아닙니다(14:15, 21; 15:10, 14). 그런데 이것을 단수형으로 번역하면 예수님의 명령들이 하나이거나 하나로 요약된다는 오해를 일으킬 수 있습니다. 이 '계명'으로 번역된 단어들을 모두 '명령들'이라는 복수형으로 바꾸어 놓고 요한복음 14-15장 전체 본문을 읽어 보면, 요한복음의 '서로 사랑하라'는 새 계명(요 13:34)도 여러 명령들 중 하나임을 알 수 있습니다. 마찬가지로, '하나님을 사랑하라', '네 이웃을 네 몸과 같이 사랑하라'는 두 개의 큰 명령(마 22:37-40)이나 '남에게 대접받고자 하는 대로 남을 대접하라'(마 7:12)는 황금률도 예수님의 다른 명령들을 대치하는 요약문이 되어서는 안 됩니다. 그렇게 함으로써 예수님의 전체 명령들을 **하나씩 이해하고 실천하며 지켜 나가라는 예수님이 의도하신 과제**가 사실상 제거되어 버리기 때문입니다. 그런 대표적인 명령들은 다른 모든 명령들의 일관된 지향점을 제시하는 열쇠가 되는 명령으로 보는 게 바람직합니다.

둘째로, '계명'에 대한 일반적인 오해가 있습니다. 십계명을 보면 '~하라', '~하지 마라'와 같은 짧은 명령으로 주어지는데, 이는 우리가 늘 지켜야 할 행동 규칙처럼 이해됩니다. 그런데 일반적으로 행동 규칙은 그것에 해당되는 사람들에게 실천해야 할 전적인 책임을 부과합니다. 반면, 십계명이나 예수님의 명령은 책임과 함께 능력도 부여하는 말씀입니다. 예수님은 반복해서 당신의 명령들을 실천하라고 명하시지만(마 7:21; 요 15:10), 우리의 자원과 힘이 아니라 성령의 도우심을 간구함으로써 실천하라고 하셨습니다(마 7:7-11; 비교. 눅 11:9-13; 요 14:12-21, 26).● 예수님의 명령들은 그 명령에 순종하려는 사람을 속으로부터 변화시키며 은혜의 과정이 시작되게 합니다. 하나님의 명령이 그 자체로 창조하는 힘이 있어 무에서 유를 탄생시킨 것처럼(창 1장), **하나님의 명령 자체에 이미 우리를 변화시키시는 능력과 그렇게 하시겠다는 약속이 포함되어 있습니다.**▶ 예수님의 명령은 더욱더 제자들 안에서 새로운 것을 창조하는 능력이 있습니다. 새 언약의 선물인 성령님의 내주하심 때문입니다. 그러한 까닭에 예수님의 명령을 실천하는 과정은 단순히 내 힘으로 그것을 실행해야만 한다고 믿는 율법주의나 공로주의와는 전혀 다릅니다.

셋째로, 명령들의 실천이 예수님의 훈련 방식에서 핵심적인 부분임을 충분히 이해한 다음에, 예수님이 그런 방식을 통해 추

- 이 점은 산상수훈의 전체 구조를 살펴볼 때도 드러난다. 예수님의 명령들을 제시하는 산상수훈 명령들의 가장 마지막 부분에 '구하라, 찾으라, 두드리라'라는 명령이 나오는데, 이것은 무엇보다도 기도와 간구로 성령님의 도움을 구하면서 산상수훈을 실천해야 함을 암시한다. 누가복음의 병행구절과 요한복음의 말씀도 참조하라.
- ▶ 히브리어 문법 학자 게제니우스는, 구약성경 히브리어 명령법 자체에 그런 의미가 포함될 수 있다고 주장한다. "명령의 성취 여부가 그것을 받는 사람의 능력을 완전히 벗어나는" 경우 분명한 보장이나 약속을 표현할 수 있다. E. Kautzsch 증편, 『게제니우스 히브리어 문법』(Gesenius' Hebrew Grammar, 신윤수 옮김, 비블리카 아카데미아, 2003), §110. c.를 보라. 그러므로 십계명도 단순히 일방적 의무 부과가 아니라 하나님의 은혜의 보장과 약속이 포함된 명령으로 보아야 한다.

구하신 궁극적 목표가 명령의 문자적 실천 그 자체가 아니라, 그 명령을 성령님과 함께 행하면서 배우게 되는 하나님의 뜻에 대한 더 원대한 이해(세계관과 사상)와 실천적 분별력임을 알아야 합니다(롬 12:1-2; 히 5:14[3]). 다른 말로 하면 예수님의 명령들은 단순한 실행 목록들이 아니라, 하나님의 뜻을 몸으로 배우기 위한 연습 문제들입니다. 그 문제를 풀면서 성령님이 주시는 지혜와 분별력을 기르게 되는 것입니다. 핵심은 이런 것들을 몸으로 말씀을 실천하는 가운데 어느 정도는 시행착오를 겪어 가면서 배워야 한다는 것입니다.

이런 점들을 제대로 이해하지 못하기 때문에 사람들은 '예수님의 명령들을 실천하자'라고 말하면, '그러면 율법주의 아닌가요'라며 자꾸 반문합니다. 예수님은 하나님 나라 가르침을 통해 하나님 아버지가 어떤 분이신지, 그 나라의 자녀들이 어떻게 살아야 하는지에 대해 새로운 인식을 주시고(세계관과 신념의 변화), 그 인식에 따라 살아갈 수 있도록(분별력과 행동의 변화) 성령을 선물로 주셨습니다. 그러므로 예수님의 명령을 성령의 도우심으로 실천하려고 추구하는 가운데, 우리는 깨닫지도 못하는 사이에 점점 분별력이 자라며 하나님을 기쁘시게 하는 열매를 맺게 됩니다 (막 4:26-27).

예수님의 명령들을 '지키는' 공동체

마지막으로, 마태복음 28:18-20과 요한복음 14:21에 공통으로 나오는 '지키다'(헬, '테레오'; 히, '샤마르')라는 동사에 대해 살펴보겠습니다. 이 동사는 히브리어든 헬라어든 모두 일차적으로는 '감시하다, 보호하다'라는 의미를 지니며, 따라서 단지 '실천하다'보다 더 풍부한 이미지를 내포합니다. 이는 감옥을 지키는 간수, 양을 지키는 목자, 밤새 깨어서 성을 지키는 병사, 자기 직무의 자리를 지키는 제사장의 직무와 관련이 있는 단어입니다. 그러므로 예수님의 명령들을 '지킨다'는 것은 단순히 '실천하는 것' 이상의 의미가 있습니다. 영어로 말하면, 단지 'do'(행하다)만이 아니라 'cherish'(소중히 간직하다)라는 의미가 포함됩니다. 즉, 말씀을 소중히 여겨 마음에 늘 간직하고 다니며, 날마다 입술로 읊조리면서(시 1:2) 살아가는 것을 말합니다. 이렇게 예수님의 말씀이 마음속에 늘 머물도록 날마다 '지키면'(몸에 소중히 간직하면), 그 말씀을 따라 살아가는 열매가 저절로 맺히게 됩니다(시 1:3).

우리는 앞 장에서 하나님 나라 복음이 정말로 기쁜 소식이 되는 것이 성령의 내주하심 때문임을 살펴보았습니다. 예수님을 믿는 이들에게 성령님이 내주하셔서 새로운 생명으로 부활의 삶을 살게 하시는 것이 복음이 약속한 가장 큰 복입니다. 그런데 이 복은 예수님의 명령들을 행하려고 할 때, 비로소 눈에 보이게 나타납니다. 성령님이 각 사람에게 내주하시는 목적이 예수님의 명령들을 따라 살게 하려는 것이기 때문입니다(요 14:26; 16:13-14). 비유하자면, 하나님 통치의 능력과 은혜가 우리 삶에 쏟아져 흘러들게 하는 수도꼭지가 바로 예수님의 명령들입니다. 우리가 예수님의 말씀을 늘 생각하며 마음에 간직하고, 기회가 생길 때마다 행하려 하며, 그 행함을 위해 성령의 도우심을 간구한다면, 우리는 성령님의 변화시키는 능력을 체험하며 우리 삶 모든 곳에 충만한 하나님의 은혜를 발견하게 됩니다. 교회란 구성원 모두가 이런 은혜를 경험하도록, 서로서로 믿음과 예수님 말씀을 실천하도록 격려하고, 그 결과 우리 삶에서 드러나는 하나님의 은혜를 함께 발견하고 즐거워하며, 하나님을 찬양하며 예배하는 공동체입니다.

함께 생각해 볼 문제들

1 당신은 복음이 약속한 가장 큰 선물인 성령님의 내주하심이라는 복을 얼마나 실제로 경험하며 살고 있는가? 당신이 일상생활 속에서 성령의 내주하심을 경험하고 느끼는 때는 언제인지 나누어 보라.

2 당신은 예수님의 명령들을 실천하는 일에 초점을 맞추는 것이 신앙생활의 핵심이 되어야 한다는 이 책의 주장에 얼마나 공감하는가? 오늘날 우리의 교회 생활과 신앙생활이 여기에 초점을 잘 맞추고 있는지 돌아보라. 만일 부족한 점이 있다면 현재 상황에서 어떻게 조정할 필요가 있을지 의견을 나누어 보자.

11장 하나님 나라 복음과 산상수훈 실천하기

그러므로 누구든지 나의 이 말을 듣고 행하는 자는, 그 집을 반석 위에 지은 지혜로운 사람 같으리니….

-마태복음 7:24

성령님과 동행하기

하나님의 나라, 즉 살아 계신 하나님의 통치는 바로 지금 여기 우리 가운데 와 있습니다. 그런데 예수님은 그 나라의 실재가 모든 사람의 눈에 보이는 것은 아니라고 말씀하셨습니다(요 3:3). 하나님 나라를 보지 못하는 것은, 바꾸어 말하면 성령님이 행하시는 일을 알지 못하는 것입니다(요 3:8). 오늘날 성령님과 동행하는 삶을 전혀 모르고 지내는 많은 그리스도인이 있습니다. 대부분의 사람들은 그것이 별로 큰 문제가 아니라고 여기는 것 같습니다. 그러나 그것은 하나님 나라의 복음이 약속하는 가장 놀라운 선물이신 성령님을 알지 못하는 것이므로 신앙생활의 가장 좋은 혜택을 누리지 못하는 것입니다.

참으로 안타까운 현실입니다. 이것은 왕의 자녀들이 거지 옷을 입고 살면서도 만족하는 것이며, 잔칫상을 앞에 두고 바닥에 떨어진 부스러기로 배를 채우는 것과도 같습니다. 그렇게 사는 게 익숙해지면 고난을 만날 때 자기 목자를 곁에 두고도 눈이 멀어서 스스로 목자 없는 양이라고 생각하고 하나님을 원망하며 괴로워하고 슬퍼하게 됩니다. 성도 안에 만연한 이런 문제를 해결하려면 목회자나 지도자가 먼저 성령님과 동행하는 삶을 잘 배우고 실천할 뿐 아니라 진지한 목표 의식을 가지고 다른 사람들을 가르치려고 애써야 합니다.

성령님과 동행하는 삶은 무슨 특별한 기술이 필요한 것은 아닙니다. 성령님이 내 안에 머무신다는 복음의 진리에 근거하여 나와 함께 계신 성령님을 항상 의식하고 주목하며 순간순간 의지하는 것으로 시작할 수 있습니다. 그러나 방향을 잃지 않기 위해 안전하고 확실한 가이드라인 안에서 행하는 것이 필요합니다. 즉 예수님의 말씀에 초점을 맞추고 그 말씀 안에서 우리에게 말씀하시는 성령님의 음성을 듣고 따르는 것입니다.

그런데 우리는 종종 성령님과 동행한다는 사람들이 심각한 오류에 빠지는 것을 발견합니다. 그러한 까닭에 일부에서는 성령님을 따르려고 개인적으로 시도하는 것은 위험하다는 경고가 나오기도 합니다. 이는 구더기 무서우니 장 담그지 말라는 어리석은 말입니다. 구더기도 예방하고 장도 잘 담가야 합니다. 오류에 빠지는 사람들은 대부분 예수님의 말씀을 실천하는 일과는 별로 상관 없는 부분에서 신비한 영적 체험을 추구합니다. 신비를 추구하게 되면 빛의 천사로 변장한 마귀에게 속기에 딱 좋은 상태가 됩니다. 신비한 것이 다 '영적인' 것이 아닙니다. 우리가 추구할 진정한 **영적 체험**은 **성령님으로부터 기원하는 체험**입니다. 기원을 모르는 신비 체험은 아무리 좋아 보여도 무심히 그저 내버려 두어야 합니다. 있다가 그저 사라지도록 해야 합니다. 그것을 주목할 필요도 없고 붙잡거나 추구해서도 안 됩니다.

그러면 성령님이 주시는 체험은 어떻게 분별할 수 있습니까? 가장 중요한 분별 원리는 그 체험이 '우리로 하여금 예수님을 더 사랑하고 따르도록 이끄는가?'라는 것입니다. 이 질문에 그렇다고 답할 수 있다면, 그 체험을 기쁜 마음으로 수용하고 하나님께 감사할 수 있습니다. 이 외에도 복음, 믿음, 소망, 사랑 등이 분별 기준이 될 수 있습니다. 우리로 하여금 복음을 더 굳건히 믿게 하고, 믿음, 소망, 사랑이 더 자라는 방향으로 나가게 한다면, 그 체험은 성령님이 일으키신 것으로 믿고 받아들이며 감사할 수 있습니다. 이런 분별 없이 신기하다는 이유만으로 신비한 체험을 따라가면, 얼마 후에는 미혹에 빠져 어리석은 선택을 하게 되고, 곤란을 겪은 후에 환멸감을 느끼게 되고, 결국 하나님을 원망하는 지경에 이르게 됩니다.

예수님의 사상과 세계관을 배우는 법

그러면 우리는 예수님의 어떤 명령들부터 실천해 보아야 할까요? 출발점은 당연히 예수님의 산상수훈입니다.[1] 예수님의 가르침 중에서 가장 중요한 것들이라고 인정받을 만한 말씀들을 사도 마태가 자신의 복음서 중 가장 적절한 자리에 모아 두었습니다. 오늘날 거의 대부분의 학자들도 이 가르침이 예수님의 가장 중요한 말씀들이라는 점을 인정합니다. 그러므로 진지하게 예수님의 제자가 되려는 사람은 이 말씀들을 철저하게 배우고, 천천히 묵상하고, 반복해서 실천해 나가야 합니다. 아래에서는 산상수훈 말씀을 묵상하고 실천하려는 사람에게 도움이 될 만한 몇 가지 내용을 언급하고자 합니다.

첫째로, 우리가 궁극적으로 산상수훈 말씀들을 통해 배워야 할 것은 예수님의 사상과 세계관입니다. 여기서 **사상**이란 '조화롭게 구성된 신념들의 체계'를 말합니다. 예수님의 사상을 배우지 않은 사람을 그분의 제자라고 말할 수는 없을 것입니다. 예수님의 사상을 알아야 예수님이 하신 개개의 말씀들을 의미 있게 서로 관련지어 이해할 수 있습니다. 예수님 사상의 전체 체계를 알려면 예수님의 말씀 전체를 여러 번 반복하여 읽으며 전모를 파악하려고 노력해야 합니다. 이 책도 바로 그 일을 돕기 위해 예수님이 말씀하신 하나님 나라 사상의 전체 그림을 제시하려는 시도입니다.

'사상'이 하나의 건축물이라면 '세계관'은 그 건축물의 기둥들입니다. **세계관**이란 우리의 마음에 깊이 뿌리내린 가장 기본적인 전제가 되는, 우리가 당연하게 여기고 받아들이는 기본적 신념들이나 이야기를 말합니다. 세계관은 마음 깊은 곳에 자리 잡고 있어서 평소에는 그런 것이 있는지도 모르고 살아갑니다. 안경을 쓰고 사물을 보면서도, 안경이 있는지 없는지 모르고 지내는 것과 같습니다. 세계관은 우리가 세상을 보고 해석하게 하는 안경이라 할 수 있습니다. 세계관이 중요한 이유는 오늘날 우리는 늘 다양한 세계관에 노출되고 있기 때문입니다. 자신의 세계관을 신중히 검토할 기회를 가져 본 사람은 그리 많지 않습니다. 그러므로 알지 못하는 사이에 예수님의 세계관과는 근본적으로 충돌하는 세계관을 받아들인 상태가 되었다면, 세계관을 되돌아보기 전에는 예수님의 말씀들이 이질적이고 납득하기 어려운 말들이라고 느낄 수밖에 없습니다.[2]

복음서를 읽다 보면, 제자들의 사상이나 세계관이 예수님의 사상이나 세계관과 충돌하는 장면이 나옵니다. 베드로가 십자가를 향해 나아가시는 예수님을 꾸짖으려 했던 순간이 대표적인 장면입니다(막 8:31-33). 그 외에도 제자들이 예수님의 말씀이나 행위를 보고 놀라는 장면이 종종 나오는데, 그것이 바로 그들의 사상과 세계관이 예수님의 사상이나 세계관과 충돌하며 차이가 드러나는 순간들입니다. 마찬가지로, 우리가 복음서를 읽다가 예수님의 말씀이 놀랍거나 전혀 엉뚱하다고 느껴지거나 마음에 수용이 안 되며 부정적 감정을 일으킨다면, 그 순간이 바로 예수님과 나의 세계관 또는 사상이 충돌하는 순간입니다. 이때 비로소 우리는 나의 세계관과 사상을 예수님의 것과 비교하며 검토해 볼 귀중한 기회를 얻게 됩니다.

예수님을 오래 믿어 온 신자라고 해서 자신의 사상과 세계관이 예수님과 일치하겠거니 당연시하지 말아야 합니다. 누구나 마음의 표면에 무작위로 솟아나는 생각들(thoughts)이나 감정들이 마음 깊숙한 곳의 신념들(beliefs)과 일관되지 않는 경험을 합니다. 또 우리의 신념들은 우리가 받은 교육, 접하게 된 정보 등의 영향을 받으므로 계속 조금씩 변화합니다. 그리스도인의 회개(헬, '메타노이아': 생각을 고쳐먹음)는 근본적으로 사상(신념들의 체계)과 세계관(가장 기본적 신념들)의 변화 과정을 일컫습니다. 즉 우리 모두는 구원을 얻는 최초의 회개(예수님께로 돌이킴) 이후에도 평생 회개(신념들을 고쳐 나감)를 반복해 나가야 합니다. 따라서 산상수훈을 읽고 묵상할 때, 우리는 이러한 사상과 세계관의 충돌이 일어나는 부분을 적극적으로 찾아보아야 합니다. 그때 드러나는 나의 뿌리 깊은 신념들을 예수님의 말씀으로 조명하며 바로잡거나 새로운 믿음으로 대치해 나가야 합니다.

예수님의 명령들을 실천하는 법

둘째로, 예수님의 말씀을 의도적으로 우리 삶에 스며들게 해야 합니다. 예수님의 말씀을 반복적으로 일상생활 속으로 가져와야 합니다. 일상에서 예수님의 말씀을 실천하려고 하면, 때로는 부적합한 느낌이나 거부감이 생길 수도 있습니다. 이것은 나의 사상과 세계관뿐 아니라 우리 사회의 일반적인 통념이나 세계관이 예수님의 말씀과 조화되지 않기 때문입니다. 이때 우리는 '예수님이 지금 이 상황에서 예수님 자신의 말씀대로 행하신다면 어떻게 행하셨을까?', '어떤 신념을 가지고 무엇을 어떻게 실행하셨을까?' 질문해 볼 수 있습니다. 또한 '나는 예수님과 어떻게 다른 신념을 가지고 있는가' 스스로 질문해 보고 성찰할 수 있습니다. 예수님의 말씀을 그대로 행하려고 할 때 충돌을 일으키는 내 안의 생각, 감정, 신념 들을 검토해 볼 수 있습니다.

예를 들어, "만일 네 오른 눈이 너로 실족하게 하거든 빼어 내버리라. 네 백체 중 하나가 없어지고 온몸이 지옥에 던져지지 않는 것이 유익하며…"(마 5:29)라는 말씀을 읽을 때, 마음에 어떤 거리낌이 생겼다고 가정해 보겠습니다. 그때 그 말씀이 일으키는 두려움과 거리낌을 회피하기 위해 '이건 너무 심한 말씀 아니야? 비현실적이야'라고 생각하거나, '이 표현은 문자적인 의미로 받아들이면 안 돼. 다른 걸 강조하기 위한 수사법일 뿐이야'라고 회피하면서 빨리 지나가지 말아야 합니다. 이런 불편한 감정을 무조건 외면하거나 억누르려고 하기보다는, 신념과 세계관의 충돌이 일어나는 신호로 재빨리 알아차려야 합니다. 그때 잠시 머물며 그 감정의 뿌리를 살펴볼 수 있습니다. 그 뿌리에 나 자신의 어떤 신념이나 세계관이 연결되어 있는지 알아보는 것입니다. 또한 성령님의 도우심을 구하며, 하나님이 이 말씀을 통해 나에게 어떤 새로운 신념을 주시려고 하는지 생각해 볼 수 있습니다. 예를 들면, '나는 죄를 어쩔 수 없는 것, 피할 수 없는 것으로 여기고 있었구나. 반면에 예수님은 어떤 희생을 치르더라도 죄와 철저하게 분리되어야 한다고 말씀하시네. 나는 이러한 죄는 사소한 문제라고 믿고 있었는데, 예수님은 죄를 짓는 것이 삶과 죽음을 갈라놓는 중대한 문제라고 보시는군…' 등의 생각이 떠오를 수 있습니다. 떠오르는 여러 생각들을 글로 적어 보거나 기도를 드리며 그 문제에 대해 하나님과 대화를 나누어 볼 수도 있습니다.

셋째로, 예수님의 말씀을 소중히 여기고 경청하면서 일단은 말씀을 문자적 의미 그대로 받아들이고 진지하게 순종하려는 태도를 취해야 합니다. 어떤 경우에는 눈을 빼내기 전에, 즉 말씀을 행동으로 옮기기 전에 멈추고 성찰해야겠지만, 어떤 경우에는 말씀을 여러 번 실천하고 나서야 비로소 예수님이 가르치시려는 핵심을 깨달을 수 있습니다. 그러므로 산상수훈의 말씀을 실제로 몸을 움직여 순종하려고 시도하는 것이 중요합니다. 몸을 움직여야만 새로운 경험이 생겨나 오래 고착된 생각과 신념을 흔들어 놓을 수 있고 더 나아가 세계관이 바뀌게 됩니다. 자전거를 실제로 여러 번 타 보아야만 자전거 타는 법이 우리 뇌에 새겨지는 것처럼, 몸이 움직여야만 오래 고착된 습관의 신경 회로가 변합니다. 이런 식으로 몸을 통해 예수님의 사상과 세계관을 배울 때 우리 삶 가운데 근본적이고 지속적인 변화가 일어나며, 예수님의 제자로서 하나님 나라에 합당한 열매를 지속적으로 맺을 수 있습니다. 이 모든 과정에서 성령님은 우리를 도우시며 예수님의 말씀 안에서 그 말씀을 통해 우리 마음을 변화시키십니다.

넷째로, 예수님의 산상수훈 말씀을 읽을 때, **성경공부** 시간과 **묵상** 시간을 따로 가지는 것이 좋습니다. 성경공부는 본문의 의미를 확실히 이해하는 과정입니다. 성경의 어떤 구절은 성경의 최초 독자들이 살았던 세계의 문화적, 역사적 배경을 알아야 온전히 의미를 파악할 수 있습니다. 이때는 관련된 다른 성경 본문도 살펴보고, 인터넷 검색도 해 보고, 주석 책도 참고하면서 여러 가지 정보를 종합하여 최초 독자들이 이해했던 바를 깨닫게 됩니다.[3] 묵상을 하기 전에 이런 목적만을 위한 시간이 따로 필요합니다. 이렇게 공부를 다 마친 본문을 가지고 묵상을 시작하는 것이 좋습니다.

묵상은 내가 이미 잘 알고 있는 본문으로부터 말씀의 요점이나 복음의 진리가 함축된 일부 문장이나 단어를 택한 후에, 그것과 함께 조용히 시간을 보내면서 내 마음에 진리가 스며들게 하는 것입니다. 이 묵상의 과정을 통해 우리는 성령님께 귀 기울이고, 내 마음의 움직임을 살피며, 나의 신념을 바로잡아 예수님의 신념과 일치시키게 됩니다. 그런 과정 중에 드러난 것들을 가지고 하나님과 대화를 계속해 나갑니다. 이러한 묵상의 과정 가운데 성령님의 도우심으로 성경 본문의 표면적 의미를 넘어서는 심층적인 적용이 일어납니다. 이미 한번 성경공부를 끝낸 본문일지라도 적어도 일주일이나 그 이상 충분히 반복하여 묵상하는 것이 좋습니다. 묵상의 목표는 새로운 정보를 얻거나 지식을 쌓는 것이 아니라, 예수님의 말씀이 내 삶에 스며들게 하고 내 생각과 신념과 세계관을 변화시키도록 충분한 시간을 가지는 것이기 때문입니다.

묵상의 한 가지 방법을 좀 더 구체적으로 기술하면 다음과 같습니다.

1. 눈을 감고 심호흡을 세 번 한 뒤에, 몸의 긴장을 풀고 1-2분 정도 자신의 호흡에 주의를 기울이며 마음을 고요하게 합니다.
2. 나를 사랑하시는 아버지 하나님이 지금 여기에 나와 함께 계심을 알아차리고 느껴 봅니다. 하나님의 사랑에 감사 기도를 드립니다.
3. 이어서 짧게 말씀 묵상 과정을 위해 성령님께 도우심을 구합니다. 예를 들어 이렇게 기도합니다. "성령님, 제 눈과 귀와 마음을 열어서 예수님이 말씀하시는 ○○를(또는 본문과 관련해 자신이 얻기

를 바라는 은총을) 알고 체험하게 해 주세요."

4. 성경 본문을 천천히 읽으며 묵상할 단어나 구절을 선택합니다(묵상 자체에 시간을 보내기 위해 사전에 묵상할 요점을 선택해 두는 것이 좋습니다).

5. 상상 속에서 하나님과 만나는 공간을 그려 봅니다. 말씀이 선포되던 장면, 이야기 속 사건이 일어나는 공간 등을 오감을 활용해 구체적으로 느껴 보며 그곳에 내가 가 있다고 상상합니다. 그 공간에 익숙해지도록 천천히 충분히 시간을 보냅니다.

6. 선택한 말씀이나 단어나 구절을 하나씩 천천히 읊조리며 그에 귀 기울이면서 그 안에 담겨 있는 진리를 음미합니다. 그 진리가 내 마음에 스며드는 것을 상상하며 성령님이 깨닫게 하시는 것이나 떠오르게 하시는 생각을 조용히 기다립니다. 관련 없는 생각이나 이미지가 떠오르면 알아차린 순간 부드럽게 잠시 자신의 호흡에 주의를 맞춘 후, 다시 원래의 단어나 구절을 읊조림으로써 그 말씀으로 주의를 향하게 합니다.

7. 좋은 생각이 떠오르면 성령님과(또는 예수님, 하나님 아버지와) 그에 관해 찬양, 감사, 간구, 고백 등의 말로 반응하며 하나님의 응답하는 음성이 있는지 귀 기울입니다.

8. 미리 정해 둔 적당한 시간(10분이나 20분 또는 그 이상)만큼 4-6의 과정을 반복하고, 마지막에는 감사 기도를 드리며 묵상을 마칩니다. (이어서 주기도문의 형식을 따라 개인적인 간구와 중보 기도를

드릴 수 있습니다.)

9. 묵상 중에 떠오른 좋은 생각들이나 깨달음, 하나님의 임재를 느낀 체험을 기록해 둡니다. 다음 묵상에서는 어떤 부분을 보완하면 좋을지 생각해 봅니다. 모든 과정에서 묵상을 통해 지금 반드시 무엇인가 얻어 내야 한다는 집착을 내려놓고 하나님과 함께한 시간 자체에 대해 기뻐하고 감사합니다.

다섯째로, 예수님의 말씀을 묵상하고 실천해 보면서 나의 일상에서 일어나는 일들을 스스로 성찰해 보고 그 내용을 동료 그리스도인들과 나누어 봅니다. 교회의 여러 소모임은 이런 나눔을 위한 좋은 구조가 됩니다. 때로 우리가 개인적으로 묵상하고 실천하는 것이 어리석은 방향으로 나갈 때는 형제자매들의 반응이 우리를 바로잡아 줄 수 있습니다. 예수님은 두세 사람이 당신의 이름으로 모이는 곳에 함께하겠다고 약속하셨습니다. 성령님은 교회를 그리스도의 온전한 몸으로 자라게 하기 위해, 거룩한 하나님 백성으로 창조하기 위해, 각 사람에게 다양한 은사(헬. '카리스마': 은혜로운 선물)를 주셔서 섬기게 하십니다. 그러므로 제자들의 공동체인 교회 안에서 우리는 성령님의 음성을 더 잘 듣고 분별할 수 있습니다. 먼저 제자가 되어 성령님과 동행하고 있는 경험 많은 그리스도인이 처음 예수님의 말씀을 묵상하고 실천하기 시작하는 그리스도인과 동행하며 묵상과 기도 가운데 성령님의 음성을 듣고 분별하도록 돕는 것을 영성 지도라고 합니다. 교회 안이나 주위에서 신뢰할 만한 영성 지도자를 찾아보고 도움을 받는 것도 좋습니다.

전체 그림으로 돌아가 요약해 보겠습니다. 예수님의 십자가와 부활은 하나님의 새로운 백성, 새로운 이스라엘을 창조하신 사건입니다. 이 '예수님을 통해 하나님이 새로운 시대를 여셨다'는 좋은 소식이 전파되었고, 그 하나님 나라 복음을 듣고 예수님을 믿은 사람 각자에게는 성령님이 내주하셔서 새로운 생명(삶)을 주십니다. 그리하여 하나님 자녀, 하나님 나라 백성으로서의 삶이 시작됩니다. 이 삶의 가장 복된 부분은 성령님과 동행하는 것입니다. 그런데 성령님은 우리 각 사람을 예수님의 제자로 만들고자 하시기에 예수님의 말씀 안에서 그 말씀을 가장 중요한 수단으로 삼아 우리를 양육하십니다. 예수님의 산상수훈 말씀들은 하나하나가 성령님이 우리 삶 속에서 하나님 나라의 문을 활짝 열어젖히는 열쇠입니다. 그 말씀들을 통해 성령님이 일하시며 우리의 사상과 세계관과 삶을 예수님을 닮은 모습으로 바꾸어 나가십니다. 그래서 구성원들이 모두 예수님의 사상과 세계관을 마음에 품고 성령에 이끌려 살아가는 하나님 나라 공동체로 빚어 가십니다. 하나님의 은혜로 그런 아름다운 공동체가 나타날 때, 우리는 비로소 세상의 소금과 빛이 되라는 산상수훈 속 예수님의 명령을 성취하게 됩니다.

함께 생각해 볼 문제들

1 이 장에서 저자는 예수님의 말씀을 공부하고, 묵상하고, 실천하고, 성찰함으로써 예수님의 사상과 세계관을 배우는 과정을 설명하고 있다. 네 가지 부분 중에서 당신이 상대적으로 익숙하게 잘 실천하고 있는 부분은 무엇이며, 어렵게 느껴지고 소홀했던 부분은 무엇인가? 네 가지 과정을 잘 배우고 실천하기 위해서는 어떤 공동체적 도움이나 노력이 있으면 좋겠다고 생각하는가?

2 저자는 산상수훈 같은 예수님의 말씀을 통해 예수님의 사상과 세계관을 배우기 위한 방법을 제시하고 있다. 이 장을 읽으면서 생각해 보게 된 여러 가지 아이디어 중에서 당신이 실천해 보고 싶은 것은 무엇인가?

12장 하나님 나라 복음과 기도

예수께서 이르시되, "너희는 기도할 때에 이렇게 하라. '아버지여, 이름이 거룩히 여김을 받으시오며….'"

―누가복음 11:2

지금은 어떤 때인가

하나님 나라 복음의 관점에서는 기도를 어떻게 이해하고 실천할 수 있을까요? 하나님 나라 복음을 온전히 이해하게 된다면 우리의 기도는 어떻게 달라질까요? 하나님 나라 복음을 우리의 사상과 세계관으로 철저히 받아들이게 될 때, 기도에서 일어나는 가장 중요한 변화는 아마도 '지금이 어떤 때인가?'라는 인식과 관련이 있을 것 같습니다. 하나님 나라 복음은 하나님이 펼쳐 나가시는 거대한 역사 이야기 안에서 오늘 우리가 속한 시대가 어느 때인지를 말해 줍니다. 이러한 '때'에 대한 인식에 따라 기도의 내용과 방향도 바뀔 수 있습니다.

'때'에 대한 예수님의 가르침을 떠올려 봅시다. 예수님은 씨 뿌리는 자의 비유로써 하나님 나라가 '말씀의 씨 뿌림'을 통해 온다고 가르치셨습니다(마 13:1-23).[1] 그리고 첫 세대 제자들인 사도들에게 땅끝까지 나아가며 복음의 씨를 뿌리라는 명령을 주셨습니다(마 28:18-20). 이 명령을 물려받은 교회의 복음 전파는 주님이 다시 오실 때까지 진행되고 확산되어 나갑니다(마 24:14).

그렇다면 지금은 어떤 때입니까? 바로 복음이 전파되는 때입니다. 예수 그리스도를 통한 하나님의 은혜와 죄 사함이 선포되는 기간입니다. 예수님의 십자가와 부활을 통해 그동안 사람들을 속박했던 죄와 사탄으로부터의 근본적 해방, 거듭남과 성령의 선물, 만물을 새롭게 해 나가시는 하나님의 일(골 1:20; 막 16:15)이 진행되고 있다는 소식이 전파됩니다. 이런 '때'에 대한 인식은 전형적으로 사도 바울의 다음과 같은 말에 나타납니다.

> 하나님의 은혜를 헛되이 받지 말라. 이르시되, "내가 은혜 베풀 때에 너에게 듣고, 구원의 날에 너를 도왔다" 하셨으니, 보라, 지금은 은혜 받을 만한 때요, 보라, 지금은 구원의 날이로다. (고후 6:1-2)

은혜의 시대에 알맞은 기도

예수님의 십자가와 부활 사건은 하나님의 세계사에서 옛 시대와 새 시대를 갈라놓습니다. 그러므로 하나님 나라 복음 선포 이후에 사는 우리의 기도는 예수님 이전의 구약 시대 성도들의 기도 모습과는 크게 달라집니다. 이 차이를 분명히 느껴 보기 위해 다니엘의 기도(단 9장)와 바울의 기도(엡 1, 3장)를 비교해 보겠습니다. 구약 시대의 의인 다니엘은 미래에 올 하나님 나라를 기다리며 다음과 같은 기도를 올렸습니다.

> 우리 주 하나님이여, 우리는 범죄하였고 악을 행하였나이다. 주여, 구하옵나니, 주는 주의 공의를 따라 주의 분노를 주의 성 예루살렘, 주의 거룩한 산에서 떠나게 하옵소서. 이는 우리의 죄와 우리 조상들의 죄악으로 말미암아 예루살렘과 주의 백성이 사면에 있는 자들에게 수치를 당함이니이다. 그러하온즉 우리 하나님이여, 지금 주의 종의 기도와 간구를 들으시고 주를 위하여 주의 얼굴 빛을 주의 황폐한 성소에 비추시옵소서.…
>
> 우리가 주 앞에 간구하옵는 것은 우리의 공의를 의지하여 하는 것이 아니요, 주의 큰 긍휼을 의지하여 함이니이다. 주여 들으소서, 주여 용서하소서, 주여 귀를 기울이시고 행하소서, 지체하지 마옵소서. 나의 하나님이여, 주 자신을 위하여 하시옵소서. 이는 주의 성과 주의 백성이 주의 이름으로 일컫는 바 됨이니이다. (단 9:15-19)[2]

한편, 하나님 나라 복음이 선포되던 시대에 살던 바울은 다음과 같은 기도를 드렸습니다.

찬송하리로다. 하나님, 곧 우리 주 예수 그리스도의 아버지께서 그리스도 안에서 하늘에 속한 모든 신령한 복을 우리에게 주시되, 곧 창세전에 그리스도 안에서 우리를 택하사 우리로 사랑 안에서 그 앞에 거룩하고 흠이 없게 하시려고, 그 기쁘신 뜻대로 우리를 예정하사 예수 그리스도로 말미암아 자기의 아들들이 되게 하셨으니, 이는 그가 사랑하시는 자 안에서 우리에게 거저 주시는 바 그의 은혜의 영광을 찬송하게 하려는 것이라.···우리 주 예수 그리스도의 하나님, 영광의 아버지께서 지혜와 계시의 영을 너희에게 주사 하나님을 알게 하시고, 너희 마음의 눈을 밝히사 그의 부르심의 소망이 무엇이며, 성도 안에서 그 기업의 영광의 풍성함이 무엇이며, 그의 힘의 위력으로 역사하심을 따라 믿는 우리에게 베푸신 능력의 지극히 크심이 어떠한 것을 너희로 알게 하시기를 구하노라. (엡 1:3-6, 17)

이러므로 내가 하늘과 땅에 있는 각 족속에게 이름을 주신 아버지 앞에 무릎을 꿇고 비노니, 그의 영광의 풍성함을 따라 그의 성령으로 말미암아 너의 속사람을 능력으로 강건하게 하시오며, 믿음으로 말미암아 그리스도께서 너희 마음에 계시게 하시옵고, 너희가 사랑 가운데서 뿌리가 박히고 터가 굳어져서, 능히 모든 성도와 함께 지식에 넘치는 그리스도의 사랑을 알고, 그 너비와 길이와 높이와 깊이가 어떠함을 깨달아 하나님의 모든 충만하신 것으로 너희에게 충만하게 하시기를 구하노라. 우리 가운데서 역사하시는 능력대로 우리가 구하거나 생각하는 모든 것에 더 넘치도록 능히 하실 이에게, 교회 안에서와 그리스도 예수 안에서 영광이 대대로 영원무궁하기를 원하노라. 아멘. (엡 3:14-21)

이 기도들은 예수님이 오시기 이전 성도의 기도와 예수님이 오신 이후의 성도의 기도가 어떻게 다른지 잘 보여 줍니다. 이런 변화는 '때'에 대한 인식 때문에 일어납니다. 만약 오늘 우리의 기도가 이런 변화된 '때'를 반영하지 않는다면 그 기도는 '시대착오적인' 기도가 될 수 있습니다. 예수님이 임하게 하신 하나님 나라와, 십자가와 부활 이후 본격적으로 개시된 부활과 새 창조의 시대에 걸맞은 기도를 드려야만 합니다. 그렇게 하기 위해 하나님 나라 복음이 가져온 이 변화가 얼마나 놀랍고 근본적인 것인지를 깊이 생각해 보아야 합니다.

저는 이러한 관점에서 신약성경의 모든 기도문들을 다시 읽어 보면서, 그 기도와 간구들이 구약 시대 성도의 기도들과 얼마나 다른지를 다시금 발견하게 되었습니다.[3] 신약의 기도들에는 하나님의 죄 사함과 구원에 대한 감사, 아버지로서 베푸시는 은혜와 사랑에 대한 신뢰가 넘쳐흐릅니다. 이것은 구약의 성도들이 그토록 찾고 경험하고자 했던, 그러나 간헐적으로만 맛볼 수 있었던 복입니다(히 11:39-40). 물론 우리가 지금도 예수님과 사도들의 모범을 따라 시편과 구약성경의 기도들을 암송하고 그 말씀들로 기도할 수 있지만, 그 모든 기도의 언어는 변화된 시대에 걸맞게 적절히 개정하여 사용해야 합니다. 우리의 기도가 과연 복음의 시대에 합당한 기도인지 돌아볼 필요가 있습니다.

예수님이 가르쳐 주신 기도법

이러한 전제 위에서 이제 예수님의 기도에 대한 말씀으로 주의를 돌려 보겠습니다. 산상수훈(마 5-7장)에서 예수님은 기도에 대해 네 가지 말씀을 해 주셨습니다. 간략히 요약해 보면, 기도할 때 사람에게 보이려는 동기로 기도하지 말고(마 6:5), 중언부언하지 말며(6:7), 주님이 제시한 모범(주기도)을 따라서 기도하고(6:9-15), 하나님 아버지의 선하심을 믿으며 구하고, 찾고, 두드리라(7:7-11)는 말씀입니다. 이번 장에서는 이 말씀들 중에서도 특히 '주기도를 따라 기도하는 법'에 대해 살펴보겠습니다.

    예수님은 하나님 나라 복음과 함께 시작된 시대에 걸맞은 기도의 모범으로 주기도(마 6:9-15; 눅 11:2-4)를 제시하셨습니다. 그런데 오늘날 그리스도인들은 얼마나 주기도의 모범을 따라 기도하고 있을까요? 종교개혁자 칼뱅은 주님이 가르쳐 주신 주기도를 따라 기도하지 않는 것에 대해, (1) 주님이 구하라고 하신 것을 넘어서 하나님의 지혜에 자신의 지혜를 더하려는 정신 나간 짓이며, (2) 제멋대로 통제되지 않는 욕구를 따라 방황하는 짓이고, (3) 그 자체가 믿음으로 기도하지 않는 행위라고 지적하며 원색적으로 비판합니다.[4] 칼뱅의 신랄한 경고가 아니더라도, 예수님의 제자라면 당연히 예수님이 가르치신 기도의 내용과 의미를 이해하고 그에 맞추어 기도해야 할 것입니다.

주기도는 예수님의 하나님 나라 사상이 명료하게 반영된 단순하면서도 심오한 기도입니다. 이 기도를 따라 기도하다 보면 우리의 세계관과 신념과 욕구가 예수님을 닮도록 변화되어 갑니다. 그러므로 우리는 예수님으로부터 직접 기도를 배우려는 열망을 품고, 성령님을 의지하며, 항상 주기도를 따라 기도해야 합니다.

주기도의 첫 단어는 "아버지"라는 특별한 부름입니다.● 주님은 기도할 때 이렇게 "아버지"라는 단순한 부름으로 기도를 시작하라고 하셨습니다. 복음서를 통해 전해진 예수님의 모든 기도는 "아버지"라는 말로 시작하는 것도 주목해야 합니다.[5] 예수님의 이런 기도 방식은 하나님에 대한 장황한 수식어 없이 단도직입적으로 하나님을 아버지로 부르며 시작한다는 점에서 매우 독특하며, 예수님 이전의 유대교에서는 유례를 찾을 수 없는 것입니다.[6] 예수님의 제자인 사도 바울도 성령을 받은 성도의 특징이 "아버지"라는 부름으로 기도하는 것이라고 말합니다(롬 8:15; 갈 4:6).[7] 이

● 주기도 첫 부분의 헬라어 어순은 "아버지, 우리의, 하늘에 계신…"이다. 주기도를 따라 기도할 때 첫 단어를 "아버지"로 시작하기 위해, "아버지, 하늘에 계신 우리 아버지…"로 기도하는 것도 의미가 있다.

것은 예수님의 기도에 대한 가르침과 몸소 보이신 모범이 초기 교회에 얼마나 강력한 영향을 주었는지를 드러내 줍니다.

기도를 시작하는 "아버지"라는 부름은 우리를 천사들로 둘러싸인 하늘의 보좌 앞으로 끌어올리며(계 4-5장), 동시에 그 보좌에 앉으신 분을 감히 아버지로 부를 수 있게 된 특권을 인식하게 만듭니다(요 1:12). 하나님 나라 복음이 제자에게 가져다준 가장 놀랍고 복된 변화가 바로 이 한 마디 안에 담겨 있습니다. 이 부름 안에서 우리는 예수 그리스도의 거룩한 희생을 통해 얻게 된 우리의 새로운 지위를 깨닫고 감사하며, 그 실재를 누립니다. '만물의 통치자'(계 1:8)이신 하나님이 기쁘게 우리의 아버지가 되고자 하신다는 사실을 인식할 때, 우리의 기도는 하나님 나라 복음이 열어준 새로운 차원으로 들어갑니다.•

'아버지여'라는 이 첫 부름이 의미하는 바에 충실하고자 하면, 우리의 기도 언어는 점차 정제됩니다. 첫째로, 우리가 아버지로

• 기도할 때 흔히 사용되는 호칭으로 '전능하신 하나님'이라는 말이 있다. 그런데 '전능자'(Almighty)로 번역되는 헬라어 단어는 '판토크라토르'인데 '만물을 붙잡고 계신 분'이라는 의미다. 영어와 우리말 번역에서는 하나님의 크신 능력을 강조했지만, 능력에만 초점을 맞추면, 하나님을 절대 의지나 거대하고 힘센 분으로만 상상하게 된다. 이 단어가 지닌 더 온전한 이미지는, 하나님이 선하게 창조하신 자신의 모든 피조물과 관계 맺으며 그들을 보존하시고 선한 목적을 향해 이끄시는 분으로 상상하는 것이다(엡 1:10; 골 1:17-20). 그러므로 '전능하신 하나님'이라는 말의 원어 속에 담긴, '만물을 붙잡고 계시며' 그들과 관계 맺으시는 분이라는 이미지를 회복하는 것이 필요하다.

부르게 된 분은 만물을 통치하는 보좌에 앉으신 분이므로 우리의 기도는 엄청난 효력을 지니게 됩니다. 하나님 아버지께서 당신의 중대한 일을 자녀들의 기도를 통해 그들과 함께 진행하기를 기뻐하시기 때문입니다(요 14:12-14; 계 8:3-5). 둘째로, 아버지라는 부름을 듣기 좋아하시는 분 앞에 엎드리므로, 우리의 기도 언어는 친밀한 가족의 언어가 됩니다. 자녀를 사랑하고 돌보시는 신실하신 아버지께 우리 삶의 모든 것을 말씀드리고 의탁하는 기도가 가능해 집니다(빌 4:6-7).

하나님을 "아버지"라고 부를 때 한 가지 주의할 점은, 우리 마음 깊은 곳에 새겨진 하나님상이 예수님이 보여 주고 알려 주신 하나님 아버지상과는 다를 수 있다는 점입니다. 유신론 철학이 말하는 '신', '절대자', '전지 전능자', 이신론이 주장하는 피조물들의 일에 무관심한 창조주, 현대인들의 통속적인 절대 신 이미지인 '변덕스럽고 억압하는 폭군' 등의 상이 우리 마음에 들어 있습니다. 이런 조잡한 하나님상들을 알아차리고 제거해 나가면서, 동시에 예수님을 통해 뚜렷이 제시된 하나님 아버지의 모습으로 마음을 가득 채우며 기도해야 합니다.● 예수님을 통해 우리에게

● 예수님이 가르쳐 주신 말씀 중 하나님 아버지의 상을 제시하는 대표적인 예는 누가복음 15:11-32에 나오는 '잃은 아들을 되찾은 아버지 비유'다. 이와 함께 복음이 강조하는 우리에 대한 하나님 사랑을 확신하는 것도 중요하다. 복음이 제공하는 이러한 확신이 없다면, 하나님 앞에 나아가더라도 온전한 기도를 드리기

자신을 알리신 하나님만이 우리가 아버지로 부르는 하나님이시며, 다른 이미지는 사람의 변덕스러운 마음이 발명한 우상에 불과하기 때문입니다. 예수님의 말씀을 통해 하나님을 올바르게 알아갈수록 우리는 자연스럽게 믿음의 기도를 드리게 됩니다.•

주기도의 첫 부름에 이어지는 여섯 가지 간구는 주문처럼 암송해야 하는 공식이 아니라 기도를 안내하는 형식입니다. 주기도를 따라 기도하면서 우리는 전반부의 세 가지 간구를 통해 '하나님의 나라와 의'가 이루어지도록 간구하는 기도를 드리게 되고, 후반부의 세 가지 간구를 통해 우리의 일상에 필요한 것들을 간구하는 기도를 드리게 됩니다. 각각의 간구를 하나씩 말한 다음에, 그 기도 제목과 관련하여 성령님이 깨닫게 하시는 것이 있는지를 마음속으로 살피며 기도 제목들을 말씀드리는 식으로 기도하면 됩니다.

예를 들어, "당신의 이름이 거룩히 여김을 받으시오며"라고

어려울 것이다. 하나님의 사랑을 확신하기 위해서는, 마태복음 6:25-34, 요한복음 3:16-18(요일 4:9-11), 로마서 5:5-8을 묵상하며 마음에 굳게 새겨야 한다.
• 예수님이 가르쳐 주신 말씀 중 하나님 아버지의 상을 제시하는 대표적인 예는 누가복음 15:11-32에 나오는 '잃은 아들을 되찾은 아버지 비유'다. 이와 함께 복음이 강조하는 우리에 대한 하나님 사랑을 확신하는 것도 중요하다. 복음이 제공하는 이러한 확신이 없다면, 하나님 앞에 나아가더라도 온전한 기도를 드리기 어려울 것이다. 하나님의 사랑을 확신하기 위해서는, 마태복음 6:25-34, 요한복음 3:16-18(요일 4:9-11), 로마서 5:5-8을 묵상하며 마음에 굳게 새겨야 한다.

기도한 다음에는, 하나님의 이름이 거룩히 여김받기 위해 이루어져야 할 것이 무엇인지 생각하며 간구하는 것입니다. 이 기도는 에스겔 36:21-27과 관련이 있는데, 그 말씀에 따르면 '하나님의 이름이 거룩히 여김받게 되는 것'은 하나님의 백성이 하나님의 의로운 규례를 실천함으로써 이방인들에게 거룩한 빛을 비출 때입니다. 그러므로 이 기도는 오늘날 우리 자신과 교회가 예수님의 명령들을 실천하는 거룩한 백성이 되게 해 달라는 간구로 올려드릴 수 있습니다.

'하나님의 나라가 오게 해 달라'는 기도는 땅 위에서 하나님의 통치가 이루어지기를 구하는 기도인데, 이 부분에서는 우리나라와 세상을 위해 멀고 가까운 이웃들의 평화를 위해 중보 기도할 수 있습니다. 이런 식으로 주기도의 여섯 가지 간구를 따라 차례로 기도를 드리면 됩니다. 주기도의 나머지 네 가지 간구들의 의미는 어려운 것이 아니므로 건전한 상식과 성령님의 인도하심을 따라 각 항목과 관련되어 떠오르는 것을 자유롭게 확장하여 기도하면 됩니다. 물론 주기도에 대한 성경공부와 묵상을 한번 해 두면 좀 더 풍성한 내용으로 기도할 수 있을 것입니다.[8]

주기도를 따라 기도를 마치면, 잠시 침묵하며 성령님이 마음속에 떠오르게 하시는 기도 제목이나 기도 응답의 말씀이 있는지 살펴봅니다. 그리고 추가로 떠오르는 기도 제목들이 있다면 그것을 아뢰면서 자연스럽게 성령님의 인도하심에 기도의 흐름을 맡기고 기도합니다. 아버지와 대화하는 것처럼 계속 기도를 이어 나가면 됩니다. 경청과 간구의 시간을 번갈아 가지면서 적당한 시간 후에 찬양과 감사로 기도를 마칩니다.

기도의 삶 세우기

늘 즉흥적으로만 기도하지 않기 위해서는 기도를 시작하기 전에 교회나 사회나 이웃을 위해 특별히 무엇을 기도할지 미리 생각해 보고 적어 두는 것도 좋습니다. 또한 기도를 마친 후에는 기도 중에 성령님이 어떻게 기도를 인도하셨는지, 무엇을 기도할 때 확신과 평안을 얻었는지, 새롭게 깨닫게 된 것이 있는지, 하나님이 명령하신다고 느껴지는 것이 있었는지를 성찰해 봅니다. 그리고 그 내용을 일기처럼 기록해 둘 수도 있습니다. 이런 기록을 하는 동안 종종 성령님의 인도하심이 좀 더 분명해지기도 하며, 하나님이 우리 삶을 이끌어 나가시는 흐름을 느끼기도 합니다.

　기도는 관련된 이론을 많이 읽어서 아는 것보다는 몸으로 연습해야 하는 일입니다. 자전거 타기나 수영을 배워 몸으로 익히는 과정과 비슷합니다. 하루에 5분이든 10분이든 20분이든, 한 번이든 두 번이든, 꾸준하게 기도할 수 있도록 시간과 장소를 정하고 날마다 실천해야 합니다. 그리고 그 기도의 내용과 경험을 메모해 두었다가 동료 그리스도인들과 함께 나누어 봅니다. 공동체 안에서 이런 대화를 통해 성령의 인도하심을 받고 하나님의 음성을 분별하는 훈련을 계속해 나가야 합니다.[9]

헨리 나우웬(Henri Nouwen)은 자신이 수십 년간 기도 훈련을 해 왔지만 기도 시간에 별다른 일이 일어나지 않는 것 같은 느낌이 종종 든다고 고백합니다.[10] 기도는 앞에서 예를 든 자전거 타기나 수영보다는 몸에 익히기가 어려운데, 아마도 오랫동안 우리의 몸과 마음에 새겨진 습관들이 기도라는 새로운 습관에 저항하기 때문인 것 같습니다. 그런데 기도 중에 하나님을 느끼지 못했다고 해서 하나님이 함께하지 않으신 것이 아닙니다. 우리가 느끼든 느끼지 못하든 하나님 아버지는 기도하는 우리를 안아 주고 계시며 우리의 잔을 충만하게 채우십니다. 기도의 진정한 효과는 기도 시간에 나타나는 것이 아니라 기도 후에 나타납니다. 그러므로 때로 아무런 느낌이 없을 때라도 복음에 근거해 하나님 아버지의 사랑을 분명히 믿을 수 있습니다. 그러므로 우리는 늘 성령님께 도움을 구하고, 기도 시간과 장소에 대한 습관을 만들어 규칙적으로 실천하는 것이 중요합니다. 또한 하나님이 나를 사랑하시듯 자신에 대해 너그러워지고, 인내로 기도 생활을 이어 가며, 형제자매들과 더불어 서로 기도 경험을 나누며 기도의 삶을 격려해야 합니다.

함께 생각해 볼 문제들

1 '은혜의 시대에 알맞은 기도'에 대한 저자의 설명에 비추어 볼 때, 그리고 에베소서에 나온 사도 바울의 기도에 비추어 볼 때, 당신의 기도 습관 중에서 변화되어야 할 부분이 있다면 무엇인가?

2 당신의 기도 습관을 돌아보라. 당신의 기도가 더욱 성숙하기 위해서 어떤 훈련이 필요할지 생각해 보고 함께 나누라. 서로 나눈 방법들 중에서 구체적으로 실천할 수 있는 아이디어를 골라서 실천 계획을 세워 보라.

13장 하나님 나라 복음과 전도

그는 우리 각 사람에게서 멀리 계시지 아니하도다. 우리가 그를 힘입어 살며 기동하며 존재하느니라.····알지 못하던 시대에는 하나님이 간과하셨거니와 이제는 어디든지 사람에게 다 명하사 회개하라 하셨으니···.

-사도행전 17:27-28, 30

20세기의 전도 이해

하나님 나라 복음의 관점에서 볼 때, 전도는 무엇이며 어떻게 실행되어야 할까요? 이 주제를 살펴보기 위해서 지난 세기의 전도에 대한 이해를 다시 한번 간략히 짚어 보겠습니다. 1장에서 언급한 것처럼, 전도에 대한 20세기의 이해를 돌아보면 내용과 방법에서 몇 가지 바로잡아야 할 부분이 드러납니다.

첫째로, 복음의 내용 측면입니다. 지난 세기의 전도에서 복음은 종종 '예수님을 믿음으로써 개인이 사후에 천국에 가는 것'으로 전달되었습니다. 이에 비해 예수님이 선포하신 하나님 나라 복음은, 예수님 자신을 통해 지금 이미 시작된 천국(하나님 나라,

즉 성령의 능력으로 지금 일어나는 하나님의 구원 사역)을 경험할 수 있게 된다는 소식이었습니다. 하나님 나라 복음이 말하는 복은 죽은 후에 시작되는 것이 아니라, 성령의 거듭나게 하심과 내주하심을 통해 지금 여기서 이미 시작된 새 생명을 누리고 제자의 삶을 살아가는 것입니다.

둘째로, 전도 방법의 측면에서 살펴보면, 지난 세기에는 개인 전도와 대중 집회의 방법이 주로 사용되었습니다. 그런데 이 두 가지 방법은 모두 '만인에게 적용될 수 있는 최고의 방법'을 찾고자 추구했고,[1] 그런 과정에서 복음은 몇 가지 핵심 사항으로 축소되었습니다. 반면, 사도행전에 나타난 사도들의 복음 전파 내용을 살펴보면 대중을 향해 선포할 때도 몇 가지 전형적인 명제를 반복하지 않습니다. 그들은 하나님의 원대한 구원 이야기의 일부를 청중의 상황과 선이해에 맞추어 해설한 뒤, 청중의 반응에 따라 적절히 예수 그리스도를 통한 하나님의 구원 계획을 받아들이도록 촉구하였고(행 2:38), 때로는 복음 선포 후 일부 관심자를 더 온전한 복음 소개와 대화의 자리로 초대하였습니다(행 14:43).

셋째로, 지난 세기의 복음 전도 설교들을 살펴보면, 복음의 내용을 이신칭의론이나 형벌대속론, 즉 구원론 교리와 동일시하는 경향이 뚜렷합니다. 그런데 사도행전에 나타난 사도들의 설교를 분석해 보면, 이 두 교리의 싹을 겨우 찾을 수 있을지 모르겠지만, 그것이 결코 그들의 주된 선포 내용이 아님을 볼 수 있습니다. 이것은 20세기 교회가 자신도 모르는 사이에 사도들의 복음 전파 내용과 방식에서 멀어져 있었음을 보여 주는 것입니다.

사도들이 전한 복음

그러면 사도들은 어떤 내용으로 복음을 전했을까요? 사도행전에 나타난 사도들의 설교를 정리해 보면, 대략 다음과 같은 네 가지 요점이 나옵니다.[2]

(1) 하나님의 사랑: 하나님은 우상숭배에 빠진 인류를 향해 그 아들의 십자가와 부활을 통한 구원의 길을 제시하심으로써 당신의 사랑을 확증하셨다.

(2) 하나님의 원대한 계획 이야기: 하나님은 세상을 창조하셨지만 인류는 하나님으로부터 멀어져 우상을 숭배하게 되었다. 하나님은 인류의 구원을 위해 아브라함을 선택하시고 그의 자손 이스라엘을 통해 구원 계획을 진행시키셨고, 마침내 예수 그리스도를 통해 이스라엘과 모든 민족을 당신의 나라로 초대하시며 모든 창조 세계를 회복하신다.

(3) 예수님을 믿음으로 구원을 얻음: 하나님이 제시하신 구원의 길인 예수님을 믿고 세례를 받음으로써, 죄와 사탄으로부터 해방되고 성령을 선물로 받으며 하나님의 자녀, 하나님 나라 백성이 된다.

(4) 마지막 때의 심판: 지금은 모든 사람에게 구원을 얻게 하는 복음이 전파되는 관대한 초대의 시기이지만, 이후에는 모든 사람이 하나님의 공의로운 심판을 받게 된다.

사도들은 매 설교마다 이 네 가지 요점을 빠짐없이 말하려고 하기보다는, 청중의 상황과 필요에 따라서 네 가지 요점 중 한두 가지를 자세히 설명한 후, 듣는 이들을 '예수님을 믿고 구원을 얻는 길'로 초대합니다.

넷째로, 20세기의 전도에서 복음을 구원 얻는 방법(이신칭의)이나 원리(형벌대속)를 기술하는 구원론 교리와 동일시한 결과, 복음 전도는 하나님 나라 실현의 제자도라는 맥락과 분리되었고, 그 결과로 칭의(처음 믿을 때 의롭다고 간주됨)는 필수이나 성화(성령님과 협력하며 의로운 존재로 점점 변화됨)는 마치 선택인 것처럼 간주되었습니다.

사도행전에 나오는 사도들이 행한 가장 초기의 복음 선포는 '예수가 바로 하나님이 세우신 메시아다'라는 것으로(행 2:36; 4:10-12; 5:29-32; 8:12; 9:20) 초점이 '예수를' 믿음에 있었습니다. 그런데 이 메시지는 유대교와의 논쟁 과정에서, 하나님이 마련하신 계획은 유대인들이 생각하듯 '율법(토라)의 행위들'을 통해서가 아니라, '예수님을 믿음'으로써 구원을 얻게 하시는 것이라는 말로 표현됩니다(행 13:39; 갈 2:16). 이때까지도 강조점은 '예수님'

을 믿음에 있습니다.

그런데 동일한 의미의 메시지가 가끔 '율법의 행위들이 아닌 (예수를) 믿음'으로, '예수님' 부분이 표면적으로 생략되기도 합니다(갈 3:2-5; 롬 3:28). 이러한 복음 선포 메시지의 청중이 율법과 상관없는 이방인으로 확대되면서 자연스럽게 '(사람들의 의로운) 행위들'이 아닌 '(예수님을) 믿음으로' 구원을 얻는다는 메시지로 확장되었습니다(롬 4:2; 9:30-32; 엡 2:9; 딤후 1:9; 딛 3:5). 이 과정을 요약하면, 다음과 같습니다.

(1) 하나님이 제시하는 구원의 길은 예수(유일한 초점)
(2) 율법(토라)이 아닌 예수를 통해서
(3) [율법(토라)의] 행위들이 아닌 (예수를) 믿음으로써
(4) (의로운) 행위들이 아닌 (예수를) 믿음으로써

여기까지가 신약성경 안에서 발견되는 사도들의 선포 내용입니다. 그런데 사도 시대 이후에 행위 구원론을 주장하는 이단과의 논쟁 등을 거치며 '행위 대 믿음'이라는 구도는 더욱 강화되었고, 맨 처음 사도들의 메시지에서 강조되었던 '하나님이 정하신 구원의 통로인 예수님'이라는 원래 초점은 종종 교리 설명에서 빠지게 되었습니다. 중세 이후 행위 구원론에 대조되는 은혜(또는 믿음) 구원론이 교회의 표준 구원론이 되었고, 종교개혁을 거치며

이신칭의론(Justification by Faith)은 개신교의 대표적인 구원론 교리가 되었습니다.

이처럼 부지불식간에 '이신칭의론'을 설명하는 과정에서 '믿음'만 언급하고 '예수님'이 종종 빠지게 되니, 적어도 대중적인 수준에서는 '믿음으로'라는 말에 대한 강조만 마음에 남았고('믿기만 하면 된다' 등), 심지어는 그 '믿음'을 '나 자신이 구원받았다는 확신'으로 오해하는 일까지도 종종 발생했습니다. **이것은 무게 중심이 '예수님을 믿음'(신뢰함, 의탁함, 따름을 포함하는 관계적 개념)에서 나 자신의 '믿음'(구원론 교리에 대한 지적 동의나 자기가 구원받았다는 확신)으로 이동해 버린 것이며, 처음 사도들의 복음 메시지로부터는 완전히 벗어난 것입니다.** 이러한 내용은 아래와 같이 요약할 수 있습니다.

(5) 행위들이 아닌 믿음으로써(믿음은 예수님에 대한 신뢰를 의미함, 올바른 교리)

(6) 행위들이 아닌 확신으로써(교리에 대한 잘못된 이해)

그러므로 오늘날 교회는 구원을 얻는 믿음이란 '예수님을' 믿는 것이며, '예수님을 믿는 것' 안에 이미 예수님을 하나님의 아들 메시아로 알고, 그를 목자로서 신뢰하며, 자신을 그에게 의탁하고, 그를 따르는 '제자도'가 포함되어 있음을 분명히 인식해야 합니다.

  오늘날 복음 전도는 믿음의 결단을 유도하는 효과적인 방법이나 기술을 추구하는 것으로 전락할 위험이 있습니다. 우리말로 '전도'는 '도를 전하는 것'이므로, 우리가 행하는 전도의 내용과 목표는 예수의 도를 따르게 하는 것이 되어야 합니다. 그리고 그것이 실제로 사도들의 복음 전도에 내포된 그림이기도 합니다.

전도를 새롭게 그리기

예수님이 사도들에게 주신 지상명령(마 28:18-20)은 예수님의 말씀과 명령들을 가르치고 지키게 하는 것이었습니다. 그러므로 사도들의 전도의 목표도 예수님의 말씀들을 실천하여 열매 맺는 제자들이 생겨나게 하는 것이었고, 그런 제자들의 공동체, 즉 교회를 탄생시키는 것이었습니다. 즉, 전도는 단지 개인 구원이나 사후 천국행을 위한 선포와 결신 요청이 아니라, 제자 공동체를 통해 하나님 나라를 땅 위에 선구적으로 가시화하는 사역이었던 것입니다. 바꾸어 말하면 전도란, (1) 복음을 선포하여 개인들이 예수님을 믿고 세례를 받음으로써, (2) 예수님과 연합하여 거듭나서 새로운 생명을 얻고, 하나님의 자녀가 되어, 새로운 하나님 나라 백성을 이루며, (3) 성령의 능력으로 예수님의 말씀을 실천하고, 하나님의 만유 회복의 구원 계획에 참여하게 만드는 일입니다. 아래에서는 전도와 제자도의 관계를 좀 더 자세히 살펴보겠습니다.

이것은 전도를, 제자도를 포함하는 개념으로 설명하는 것입니다. 이와 달리, 로잔 언약은 전도를 복음을 선포하는 행위로 좁게 정의합니다(로잔 언약 4항 "복음 전도의 본질"). 여기에는 복음 선포 후에 믿도록 설득하는 것은 포함되지만 결신은 포함되지 않습니다. 결신 이후 제자로서의 삶을 양육하는 것도 당연히 포함되지 않습니다. 복음을 선포했고 믿으라고 설득했으면, 그 대상이 믿지 않아도 전도는 이루어진 것입니다. 그러한 전도에 대한 정의는 20세기의 대중 집회와 개인 전도 방식을 통한 복음 전도 행위를 개념화하는 데 약간의 유익이 있지만, 예수님의 사상에 비추어 볼 때는 이질적인 느낌이 듭니다.

첫째로, 예수님의 지상명령(마 28:18-20)의 초점은 제자 삼는 일에 있으며 복음 선포 행위에 있지 않습니다(10장 참조). 둘째로, 예수님의 씨 뿌리는 자 비유에 그 정의를 대입하면, 길을 달려가며 씨를 뿌리는 행위가 전도가 됩니다. 그런데 그 비유에서도 예수님의 강조점은 '그런 와중에도 말씀을 기쁘게 받아들이는 사람이 있다'는 것이 아니라, 말씀을 기쁘게 받은 자들 중에서도 '일부만 열매를 맺는다'는 부분에 있습니다. 씨 뿌리는 일이나 씨를 받아들이는 일보다 열매 맺는 것이 결정적으로 중요합니다(6장 참조). 셋째로, 만일 복음 선포가 우리가 지금까지 살펴본 것처럼 개인들의 사후 천국행이 아니라 소금과 빛이 될 하나님 백성의 탄생을 기대하는 행위라면(5장 참조), 교회가 우선 강조해야 할 일은 '복음을 선포하고 결신자를 얻는 일'이 아니라, '복음을 받은 자들이 많은 열매 맺게 하는 일'이 됩니다.

　여기서 **복음 선포의 단계는 필수적이나 전체 사역의 무게 중심은 아닙니다.** 복음 선포가 제자도보다 당연히 시간적으로나 개념적으로 선행하지만, 복음 선포 사역에 과연 로잔 언약의 용어처럼 우선성(primacy)을 부여할 수 있을까요? 전도와 제자도를 개념적으로 구분할 실용적 이유가 있다고 해도, 구분한 다음에는 전도보다는 제자도가 더 중요하다고 강조해야 하지 않을까 싶습니다. 이런 관점에서 보면, **복음 전도와 사회 참여는 '그리스도인의 두 가지 의무'**(로잔 언약)가 아니라 유일한 의무인 제자도가 양쪽으로 펼쳐지는 모습입니다. 제자도 없는 전도, 제자도 없는 사회 참여가 오늘날 복음주의 교회의 병든 모습에 대한 올바른 진단이 될 것입니다. 제자도의 본질은 결국 예수님을 사랑하여 따르는 것이므로, 모든 그리스도인의 사역의 중심 동력은 예수님을 사랑하는 마음이라고 할 수 있습니다. 우리는 다른 그리스도인이 실천하는 모습 속에서 예수님을 사랑하는 마음을 발견함으로써 서로의 다름을 너그럽게 포용할 수 있게 됩니다.

　그렇다면 오늘날 교회의 전도 방법은 어떠해야 할까요? 복음이나 전도라는 말이 제자도 전체와 관련된다는 것을 염두에 두고, 이 부분에서는 특히 불신자에게 복음을 처음 소개하는 방법의 한 가지 사례를 소개하겠습니다.[3] 20세기 전도에서 개인 전도와 대중 집회 방법을 공통적으로 '만인에게 적용될 수 있는 최고의 방법'으로 추구한 것의 문제점은 비인격성과 일방성이었습니다. 이를 바로잡으려면, 좀 더 인격적인 양방향 소통이 가능하고 예수님과 사도들이 전했던 내용으로 복음을 전할 수 있는 공간과 시간을 마련해야 합니다.

교회는 성령님이 각 성도에게 주신 다양한 은사를 활용해 불신자 이웃에게 복음을 소개하는 따듯한 공간을 만들 수 있습니다. 성령님은 전도와 관련해서도 각 사람에게 다양한 은사를 나누어 주십니다. 어떤 사람은 불신자 이웃을 잘 초대할 수 있습니다. 어떤 사람은 손님 환대를 잘할 수 있습니다. 어떤 사람은 대화를 통해 유쾌하고 편안한 분위기를 만들 수 있습니다. 어떤 사람은 복음을 온전히 소개하고 질문에 답해 줄 수 있습니다. 어떤 사람은 중보 기도를 통해 섬길 수 있습니다. 어떤 사람은 모임 비용을 충당하도록 물질을 나눌 수 있습니다. 어떤 사람은 이 모든 것을 적절히 기획하고 설계할 수 있습니다. 이렇게 은사에 따른 역할 분담을 통해 전도를 위한 최적의 공간을 마련할 수 있을 것입니다.

이런 모임에 초대된 불신자 이웃은 몇 번의 모임을 통해 복음을 자세히 소개받을 수 있습니다. 또한 수용적인 분위기에서 자신의 지적 의심을 표현하고, 신앙에 대해 질문하고 대화를 나누며, 예수님을 따르기 위해 지불해야 하는 대가에 대해서도 충분히 숙고할 수 있습니다. 어떤 이에게는 현재 직면한 삶의 문제가 걸림돌이나 계기가 될 수도 있는데, 그 문제가 해결되도록 함께 하나님께 간구하고 또 성령님이 주시는 지혜로운 생각을 나눌 수도 있습니다. 그뿐 아니라 모임을 통해 그리스도인들 간의 상호 존중과 섬김을 직접 눈으로 보고 경험할 수 있습니다. 주님이신 성령님은 교회에 이런 공간을 만들 은사를 나누어 주시고, 이 공간을 통해 각 사람을 만나시며 그들을 변화시키십니다. 이런 전도 방식은 예수님의 가르침을 좀 더 온전히 소개하는 제자 양육 프로그램과 자연스럽게 연결됩니다.

복음을 소개받은 모든 사람이 믿음과 제자도에 이르는 것은 아닙니다. 그러나 결신 여부와 상관없이, 우리가 이웃에 대한 진실한 섬김과 사랑의 관심을 표현하는 것은 그 자체로 하나님을 기쁘시게 하는 일입니다. 전도란 확실한 결과를 유도하는 효과적인 기술이 아니며, 개인의 회심은 개인의 결단과 성령님의 주권에 달린 일입니다. 그러므로 전도자들은 이 모든 과정에서 성령님을 겸손히 따르며 의지해야 합니다.

함께 생각해 볼 문제들

1 '전도'라는 말을 들을 때 당신의 머릿속에 떠오르는 배경 그림들이 무엇인지 생각해 보라. 그 그림들에 비추어 당신은 전도가 무엇이라고 생각하는지 나누어 보라.

2 '전도를 새롭게 그리기'라는 단락에서는 신자의 가정과 같은 편안한 공간에 불신자 친구를 초대해서 함께 대화하는 시간을 가지거나 복음을 소개하는 전도 방법을 제시하고 있다. 이 방법은 오늘날 셀 교회 운동이나 가정 교회 운동에서 활용하고 있는 전도 방법이다. 이와 유사한 방식의 전도에 참여해 본 경험이 있다면 나누어 보라.

14장 하나님 나라 복음과 소명

첫째는 이것이니, "이스라엘아 들으라. 주 곧 우리 하나님은 유일한 주시라. 네 마음을 다하고 목숨을 다하고 뜻을 다하고 힘을 다하여 주 너의 하나님을 사랑하라" 하신 것이요, 둘째는 이것이니, "네 이웃을 네 자신과 같이 사랑하라" 하신 것이라. 이보다 더 큰 계명이 없느니라.

-마가복음 12:29-31

그러므로 무엇이든지 남에게 대접을 받고자 하는 대로 너희도 남을 대접하라. 이것이 율법이요 선지자니라.

-마태복음 7:12

예수님의 열두 사도 파송으로 시작된 복음 전파의 기간이 벌써 2천 년이 되어 갑니다. 아마도 첫 세대 그리스도인들은 이 기간이 이렇게 길어질 줄은 상상하지 못했을 것입니다. 예수님은 제자들이 하나님 나라가 완성될 시기가 언제쯤인지 물었을 때, "때와 시기는 아버지께서 자기의 권한에 두셨으니 너희가 알 바 아니요…"(행 1:7; 막 13:32)라고 답하셨습니다. 베드로 사도는 복음 전파의 기간이 그들이 상상한 것보다 훨씬 더 연장된 것은 하나님의 오래 참으심 때문이라고 설명합니다(벧후 3:9).

제자도의 다양한 모습

이렇게 예수님의 승천과 재림 사이의 기간이 길어지면서, 역사 속에서 예수님의 제자 공동체인 교회가 세상과 관계 맺는 방식에 다양한 모습이 생겨났습니다. 제자도의 핵심인 '예수님의 명령들을 지키는 것'은 변함없이 교회의 중심 사명이지만, 그 제자도가 세상에서 펼쳐지는 모습이 다양할 수 있음을 오늘날 우리는 교회의 다양한 역사적 경험을 통해 알게 되었습니다.

어떤 시대에는 그리스도인들이 세상의 정치나 문화와 별로 상관없이 교회 안에서 서로 믿음, 소망, 사랑을 격려하며 살아갔습니다. 이것을 문화에 대한 **분리 모델**이라고 부를 수 있습니다. 사도 시대부터 주후 3세기까지의 초기 교회가 주로 이런 모습이었습니다.

주후 4세기부터 중세가 끝나는 14세기까지의 유럽에서는 기독교가 로마의 국교가 되면서 기독교 체제가 로마 제국 전체를 문화적으로 지배했습니다. 이 시기에 교회는 기독교의 원리를 사회 전체에 부과하고 실현해야 한다고 생각했는데, 이것은 문화에 대한 '지배 모델'이라고 부를 수 있습니다.

16세기 종교개혁 이후에는, 아우구스티누스의 사상을 이어받아 마르틴 루터가 대표적으로 주장한 **두 왕국 모델**이 기독교와 세상의 관계를 설명하는 유력한 이론으로 등장했습니다. 두 왕국 모델이란 신앙의 왕국인 교회와 세상 왕국인 국가를 모두 하나님이 통치하시지만, 하나님이 두 나라를 다스리시는 통치 원리가 다르다는 것입니다. 한편에는 예수님의 말씀과 성령님의 능력을 통한 복음적 통치가 있고, 다른 쪽에는 이성과 양심의 법을 통해 악을 억제하시고 인류를 보존하는 시민적 통치가 있다는 것입니다. 그리스도인은 두 왕국 모두에 속하므로, 개인적으로는 먼저 영적인 통치에 복종하여 예수님의 계명을 지키고, 공적인 영역에서는 불신자들과 동등한 시민의 신분이 되어 그들과 동일하게 십계명에 나타난 정의와 이웃 사랑을 추구해야 한다는 것입니다.[1]

또, 어떤 사람들은 신자에게 주어진 신앙의 원리를 창조 세계 전체에서 구현하기 위해 힘써야 한다는 입장을 가졌습니다. 소위 **변혁 모델**입니다. 이 관점에 따르면, 인간의 타락 이후 하나님의 선한 창조 세계 전반이 왜곡되었으나, 예수님의 구속 사역을 통해 출현한 교회는 그 왜곡을 치유하고 회복하여 창조 세계의 각 영역이 본래 의도되었던 이상적인 모습을 실현하도록 추구해야 한다는 것입니다. 그리스도인은 사회의 다양한 영역에서 여러 가지 지위와 역할을 맡아 일하면서, 자신이 속한 영역이 하나님이 창조하신 의도를 실현하도록 치유하고 변혁해 나가야 한다는 것입니다.

이러한 다양한 모델들이 발전하게 된 이유는 시대와 사회마다 그리스도인이 세상과의 관계를 구체적으로 설정해야 할 상황적 요구가 있었기 때문입니다. 그래서 한 시대에는 어느 하나의 모델이 주류가 되곤 했습니다. 하지만 오늘날 2천 년의 교회사를 돌아보면, 어느 하나의 모델만이 최선이라고 말하기 어려우며, 오히려 각 모델이 부분적으로 유용하거나 필요한 상황들이 존재함을 알 수 있습니다.[2] 팀 켈러(Timothy Keller)는 다음과 같이 말합니다.

> 나는 각각의 모델이 그 핵심에 있어서 어떤 그리스도인이라도 인정해야 하는 성경의 근본적인 진리와 세상에 대한 독특한 통찰을 갖고 있다고 믿는다. 그러므로 각각의 모델 안에 있는 사람들은 겸손하게 다른 모델들의 탁월함과 지혜로움을 발견해서 하나님의 말씀과 그분의 뜻을 더 높이도록 해야 한다.[3]

소명으로서의 제자도

세상 안에서 교회가 제자도를 추구하는 방식에 다양한 모델이 존재해 왔다는 것은, 시대와 상황에 따라서 개인이 하나님으로부터 받는 소명의 모습도 다양할 수 있음을 말해 줍니다. 성령님이 어떤 사람은 수도자처럼 분리 모델의 삶을 살도록 부르시고, 어떤 사람은 활동가나 정치인으로서 사회의 변혁을 위해 애쓰도록 부르시며, 어떤 사람은 공직을 신실하고 공평무사하게 실행하도록 부르시고, 어떤 사람은 기업의 경영자나 직원으로서 선한 목적을 가지고 의롭게 일하게 하시며, 어떤 사람은 교회나 선교 단체를 통해 복음 전파와 제자 양육, 구제와 봉사에 전념하도록 부르십니다.•

개인뿐 아니라 교회도 주된 부르심의 모습이 다르게 나타날 수 있을 것입니다. 좀 더 선교적인 교회가 있고, 좀 더 사회 참여적인 교회가 있고, 좀 더 봉사와 구제에 힘쓰는 교회가 있을 것입니다. 그러므로 우리는 자신을 부르시는 성령님의 주권에 순종하면서, 다른 지체들과 교회들 안에서 나타나는 다양한 성령의 부르심을 소중히 여기고 존중하며 격려해야 합니다.

성령의 부르심의 외형은 다양하지만 성령이 이루시고자 하는 제자도의 공통적인 요소는 뚜렷합니다. 그것은 예수님의 말씀을 마음에 간직하고, 성령님께 귀 기울이고, 기도하고, 그 명령대로

• 또한 한 사람에게 다양한 영역의 여러 소명이 동시에 주어진다. 한 사람에게는 부모의 소명, 이웃을 돌보는 소명, 직장인의 소명, 친교 모임 일원의 소명, 교회 일원으로서의 소명이 함께 주어질 수 있다. 그리고 소명들은 한번 부여된 이후에 고정되는 것이라기보다는 계속 변화하는 것이다. 자신이 선택한 것처럼 보이는 일이라도 그 자리에 있는 동안에는 그 일을 소명의 관점을 가지고 행해야 한다.

실천하는 것입니다(요 14:12-15, 26). 한국 교회는 성경 말씀을 소중히 여기는 아름다운 전통을 가지고 있습니다. 그러나 좀 더 초점을 명확히 맞추어야 할 필요가 있습니다. 바로 예수님의 가르침과 명령을 배우고, 마음에 품고, 실천하는 일이 신앙생활의 초점이 되게 하는 것입니다. 모든 성도가 예수님의 사상을 배우고, 예수님의 세계관을 가지며, 예수의 말씀대로 살려고 씨름하는 교회가 되어야 합니다. 그러면 성령께서 우리를 속으로부터 변화시키시고 우리 교회를 통해 하나님의 일들을 펼치실 것입니다.

그러므로 교회의 핵심 사역은 예수님을 따르는 제자도를 추구하는 것, 즉 성도 각 사람이 예수님의 말씀을 통해 성령의 음성을 듣고 순종하는 법을 배우도록 돕는 것입니다. 이를 위해 자주 모여 서로 나누고 배우고 격려해야 합니다(히 11:25-26). 우선은 예수님의 말씀(특히 산상수훈!)을 함께 읽고 기도하고 실천하는 일부터 시작할 수 있습니다. 날마다 예수님의 말씀을 읽고 기도하며 성령의 도우심을 구하며 적용하고 실천하다 보면, 성령님이 각 사람을 부르시고 이끌어 가시는 것을 발견하게 됩니다. 교회의 소모임은 이런 과정을 함께 진행할 수 있는 핵심 구조입니다. 소모임은 성령님이 교회를 이끄시고 변화시키시도록 일하실 공간을 제공해 드릴 수 있습니다. 교회의 변화가 시급하다고 생각하여 조급한 마음으로 가야 할 방향과 때와 방법을 미리 알아야겠다고 안절부절못할 필요가 없습니다. 하나님의 일에는 하나님의 시간이 있다고 믿고, 가장 중요한 일에 명확히 초점을 맞추면서, 성령님을 신뢰해야 합니다.

현명한 지도자라면, 성령님이 성도 각 사람을 고유하게 빚어 가심을 믿고, 그 사람의 삶에서 나타나는 성령님의 손길을 주목하려고 하며, 인격적이고 관계 지향적인 목양 사역을 할 것입니다. 각 사람이 자신의 고유한 은사와 부르심을 분별하도록 돕고 상황에 따라 필요한 적절한 도움을 베풀 것입니다. 어떤 이에게는 성경적 원리를 가르치고, 어떤 이에게는 관련된 책이나 정보를 제공하고, 어떤 이에게는 비슷한 영역에서 하나님의 소명을 따르는 성숙한 그리스도인을 소개해 줄 것입니다. 어떤 이는 교회 공동체를 섬기도록 부름받으므로 교회 안에 있는 섬김의 기회를 제공할 것입니다. 지도자는 각 사람을 고유하게 다루시는 성령님을 믿고, 함께 그분의 음성에 귀 기울이고, 순종해 보고, 관찰해 보고, 성찰하면서 각 사람이 개인적 부르심을 따라 하나님이 기뻐하시는 선택을 해 나가도록 안내해야 합니다.

이러한 소명 개념을 가진 교회는 모든 사람에게 동일한 소명을 받아들이도록 요구하거나 특정한 소명(예를 들면, 목회, 전도, 선교, 중보 기도 등)만을 높이거나 이상화하지 않을 것입니다. 어떤 사람은 주로 교회 밖에서 일하며 하나님께 영광을 돌리도록 부름받으며, 어떤 사람은 교회 안에서 교회를 세우는 일에 부름받고, 또 어떤 사람은 해외 선교지에서 교회를 세우는 일에 부름받습니다. 성령님은 모든 사람에게 다양한 은사를 주심으로써 교회가 세상 안에서 소금과 빛이 되게 하십니다. 이런 믿음과 분별의 과정이 없다면, '교회를 세운다', '약자를 섬긴다', '사회를 변혁한다' 등 일반적인 선한 대의를 내세우는 것도 성령님의 주권을 믿지 않는 불신앙이 될 수 있습니다.

과거 2000년대 초까지 교회가 양적으로 성장하던 때에도 많은 사람들이 한국 교회가 공적인 영역에서 소금과 빛의 역할을 하지 못하고 있다고 지적했습니다. 그 이유는 세상의 소금과 빛이 되라는 예수님의 명령을 실천하는 방식에서 지혜롭지 못했기 때문입니다. 과거에는 한국 교회가 자신의 소명을 너무 좁게 생각하고 교인 수를 늘리고 교세를 확장하는 것이 성공이라고 생각했던 것 같습니다. 그 결과 교인 수가 늘고 따라서 한국 사회의 공적 영역에서 중요한 역할과 지위를 맡은 그리스도인이 많아졌지만, 그 자리에 있는 신자들 각 사람이 그곳에서 제자도를 살아내는 것이 무엇인지 숙고해 보지 않았습니다. 예수님의 산상수훈을 자신의 공직과 일상의 영역에서 실천하는 방식을 고민하면서, 성령님께 여쭙고, 능력과 지혜를 간구하고, 담대히 실천해 보고, 결과를 관찰하고, 성령님의 일하심을 성찰해 보고, 그 경험을 다른 성도와 함께 나누고 분별하는 제자도의 훈련이 필요했습니다.

이런 구체적 삶의 영역에서는 목회자나 다른 권위자가 정답을 제시해 줄 수 없습니다. 하나의 정답이 있는 것도 아닙니다.

각 사람이 자신의 영역에서 성령님의 인도하심을 직접 받으며 미지의 경험 속으로 나가야 합니다. 이때, 이전 세대 선배들의 사례나 다른 나라의 신실한 사람들의 사례, 같은 분야에서 일하는 다른 그리스도인의 경험에 귀 기울이며 도움을 받을 수 있습니다. 이런 방식으로 예수님의 말씀 안에서 성령님과 함께 자신의 소명을 스스로 발견하고 추구해 나가는 성숙한 그리스도인들이 많아지도록 교회는 성도들 각 사람을 세워 주고 격려하고 지지해야 합니다.

교회와 성숙한 정치 참여

최근에 와서는 한국 교회의 정치 참여가 눈에 띄게 많아졌지만, 교회의 사회적 신뢰도는 큰 폭으로 추락하고 있습니다.[6] 그 주된 이유는, 한국 교회가 사회에서 극단적 대립이 일어날 수 있는 정치 이슈에 운동원으로 손쉽게 동원되었고, 결과적으로 두드러지게 우파적 입장을 취하는 것처럼 일반에 비추어졌기 때문입니다. 일부 지도자들이 깊이 있는 기독교적 정치관을 가지지 못한 채 눈앞에 제시된 세부 이슈들에 대해서 황급히 입장을 발표하고 정치적인 행동을 하다 보니, 복잡한 사안을 단순화하고, 대중을 선동하고, 상대편을 악마화하고 편 가르기를 하는, 세속적인 문화 전쟁에 휩싸이는 오류를 범하고 있습니다. 이 점에서는 미국 교회라고 해서 우리가 무턱대고 우러러볼 만큼 더 성숙한 것도 아닙니다.

정치란 본질적으로 "공동체가 함께 잘 살기 위해 어떤 방향으로 나가야 할까?"라는 질문을 다루는 일이며, 아무도 정답을 모르는 불확실한 미래에 대한 선택의 문제를 다루게 됩니다. 그러므로 성숙한 정치는 각자가 자신이 생각한 최선의 경로를 제시하고 대화와 숙의를 통해 서로 지혜를 얻으며 함께 더 나은 방향을 찾아 나가는 과정이 됩니다. 이 과정에 대립과 논쟁이 있을 수밖에 없지만, 공동선이라는 큰 목표를 함께 확인하며 추구해 나가야 합니다.

정치의 본질이 이런 것이라면, 그리스도인들 중에서도 정치적 견해가 서로 다를 수 있습니다. 하지만 그리스도인들은 예수님을 따르는 제자도라는 공동 기반을 지녔기에, 서로 극한적 대립 없이 다른 정치적 선택을 선호하는 이유와 근거를 경청하며 배우는 토론이 가능할 것입니다. 그런데 기독교적 정치관이 부재하면, 정치란 보수-진보의 힘겨루기를 통한 정권 획득과 이권 확보라는 정도의 세속적 관점을 받아들이게 되고, 정치 참여가 우리 편에게 유리한 목표를 달성하기 위한 투쟁이 되어 버립니다.

앞에 인용한 글에서 사회학자 정재영 교수는 교회가 신뢰를 회복하려면 공공성을 회복해야 한다고 지적합니다. 어느 좌담회에서 철학자 강영안 교수는 공공성을 기르려면 건전한 상식

(common sense)을 지녀야 하고, 공동체 전체를 생각할 줄 알아야(sense of community) 하며, 공적인 사안을 생각할 때 독립적으로 생각하고, 상대편의 입장에서 생각하고, 나의 이해를 떠나서 생각할 수 있어야 한다고 말했습니다. 이런 기본적인 자질들은 "네 이웃을 네 자신과 같이 사랑하라"(막 12:31), "무엇이든지 남에게 대접을 받고자 하는 대로 너희도 남을 대접하라"(마 7:12)라고 하신 예수님의 명령을 진지하게 실천하려 하면 자연스럽게 자라게 되는 자질들입니다. 따라서 우리에게 근본적으로 중요한 것은 예수님을 따르는 제자도를 추구하는 것임을 다시금 확인하게 됩니다.

함께 생각해 볼 문제들

1. 자신이 가장 많은 시간을 보내는 장소와 일을 떠올려 보라. 그 장소와 일 가운데 예수님의 명령을 실천해야 한다는 생각을 해 본 적이 있는가? 그 영역에서 모범이 되는 그리스도인의 사례를 본 적이 있다면 나누어 보라. 당신이 그 영역 가운데 예수님의 명령을 성령님의 도우심을 힘입어 실천하려고 한다면 어떻게 시작해야 할까?

2. 저자는 교회의 성숙한 정치 참여를 위해서 필요한 몇 가지 원칙들을 언급했다. 당신의 경험이나 관점에서 볼 때 가장 중요해 보이는 원칙은 무엇인가? 그 이유를 설명해 보라. 혹시 당신이 추가하고 싶은 원칙이 있다면 이야기해 보라.

나가는 말

이 책에서 저는 예수님과 사도들이 선포하고 가르쳤던 하나님 나라 복음의 전모를 제시하려고 시도했습니다. 제가 제시한 큰 그림을 이해하고 기억하면서 신약성경을 읽어 보고, 과연 이 그림이 본문의 내용을 이해하는 데 도움이 되는지 직접 확인해 보시길 부탁드립니다. 이 그림에서 출발하되 각자가 성경을 읽으면서 필요하다면 그림을 조금씩 고쳐 나가셔도 됩니다. 성경 본문은 다양한 해석 가능성을 지니므로 어떤 부분에서 어떤 이유로 저의 해석에 동의하기 어려운 부분도 있을 것입니다. 다만 예수님의 말씀을 일부분만 좁게 보지 말고 예수님의 사상 전체를 파악하는 데 초점을 맞추어 나가면 좋겠습니다.

    하나님 나라 복음의 전체적인 구조를 어느 정도 파악했다면, 본격적으로 예수님의 제자가 되는 핵심 부분인 예수님의 명령을 실천하는 데 초점을 맞추어야 합니다. 이해하는 것만으로는 삶이 변화되지 않습니다. 백 편의 설교를 듣는 것보다 한 번의 묵상이 낫고, 백 번의 묵상보다 한 번의 실천이 낫습니다. 예수님이 당신의 명령들을 행하라고 여러 번 강조하신 것을 떠올려 보십시오. 바울 사도는 성령님과 함께 죄의 오래된 습관을 깨뜨리고 새로운 삶의 패턴을 만들어야 한다고 강조합니다. 몸을 움직여야 경험이 일어나고 경험이 일어나야 뇌의 신경 회로가 바뀝니다.

오늘날 우리에게는 이러한 실천적 제자도를 함께 추구할 공동체가 필요합니다. 그리스도인이라고 해서 당연히 하나님 나라 복음과 예수님의 말씀을 실천하는 제자도를 중요하게 생각하는 것은 아닙니다. 예수님과 사도들의 사상에 대해 한 번도 생각해 보지 못한 사람들이 상당히 많습니다. 이 책이 제시한 내용이 우리 교회에서 상식(common sense, 공동 인식)이 되면 더할 나위 없겠습니다. 이를 위해서는 교회 안에서 예수님의 말씀을 실천하는 제자도를 추구하고 격려하는 소모임을 만들어야 합니다. 이 책은 사전 지식이 별로 없는 초신자들도 읽을 수 있도록 썼기 때문에, 조금만 도움을 받는다면 누구나 함께 읽고, 각자 마음에 와닿은 만큼 나눌 수 있을 것입니다. 만일 이 책이 설명하는 하나님 나라의 복음의 비전에 관해 성령님이 감동을 주셨다면, 마음 맞는 사람과 이 책을 함께 읽고 토론하는 모임을 만들어 보시길 권합니다. 지도자라면 교회나 소모임에서 이 책에서 다룬 내용을 함께 공부하고 논의해 보면서 마음을 모아 나가면 좋을 것입니다.

이 책을 읽는 분들 중에는 성경 연구에 헌신한 학자들과 목회자들이 있을 것입니다. 마지막으로 그분들에게 특별한 부탁을 드리고 싶습니다. 신약성경 전체를 여러 번 읽으면서 예수님과 사도들의 사상 **전모**를 각자 나름대로 파악하고 그것을 서로 나누고 토론해 보고 글로 써 보자는 부탁입니다. 물론 구약성경 연구도 필수적이지만, 과업이 너무 커지지 않으려면 특별히 예수님과 사도들의 **복음**에 우선 초점을 맞출 필요가 있습니다. 시간이 많이 들겠지만 충분히 시도할 가치가 있는 고귀한 일입니다. 우리 시대는 복음에 대한 신선한 이해가 그 무엇보다도 필요한 시대이기 때문입니다.

    사도 바울은 로마 교회를 향해 편지에 '여러분을 향해 어떤 영적인 선물을 나누어 주어 여러분을 견고하게 하고 싶습니다'라고 적고 있습니다(롬 1:11). 그 영적인 선물은 바로 바울이 전하는 복음이었고, 로마서의 내용이기도 합니다. 우리가 예수님과 바울 사도의 복음을 깊고 풍부하게 이해하는 만큼, 우리는 이 시대의 교회를 복음의 토대 위에 견고하게 세우는 데 가장 핵심적인 역할을 감당할 수 있을 것입니다.

부록 1 하나님 나라 복음과 치유

복음서에 나타난 예수님의 치유 사역을 살펴보면 '오늘날 우리도 이러한 기적적인 치유를 기대하고 기도할 수 있는가?' 하는 중요한 질문을 떠올리게 됩니다. 부록 1에서는 예수님의 치유 사역이 일어나게 된 더 큰 맥락과 그 사역의 목적을 살펴보고, 예수님의 첫 제자들인 사도들은 교회 안에서 치유 사역을 어떻게 이해하고 펼쳤는지 알아봄으로써, 오늘날 교회는 어떻게 치유 사역을 해야 할지 생각해 보겠습니다.

예언의 성취로서의 치유

먼저, 복음서에서 예수님의 치유 사역이 이루어진 더 큰 맥락을 이해하기 위해서, 예수님의 치유 사역이 메시아 예언의 성취로서 이루어진 것임을 주목해야 합니다. 그 예언은 왕이신 하나님이 장차 당신의 백성에게 돌아오실 것이며, 하나님이 그 백성에게 오실 때에는 하나님의 거룩한 백성다운 모습으로 그들을 치유하고 회복시켜 각 사람이 그들이 부여받은 생명의 아름다움을 온전히 드러내게 된다는 내용입니다(이에 대해서는 아래에서 다루고 있습니다). 예수님의 치유 사역이 이러한 예언들의 성취로서 일어났다는 점은, 예수님과 함께 하나님 나라가 왔을 때, 즉 예수님 안에서 하나님이 왕으로 강림하셨을 때, 그 나라를 믿음으로 맞이하는 백성들에게 치유가 일어나는 것이 하나님 나라 도래의 표적들(signs)이 된다는 점을 이해할 수 있게 해 줍니다.

관련된 가장 중요한 예언은 이사야 35장입니다. 예언자 이사야는 장차 하나님이 영광스럽고 아름답게 임하실 것이므로, '너희는 두려워하지 말고 하나님이 오셔서 구원해 주실 것을 믿음으로 기다리라'고 말합니다(1-4절). 그리고 하나님이 오시면, 그 왕이 자기 백성에게 도착하시면, 이런 일이 벌어질 것입니다.

> 그때에 맹인의 눈이 밝을 것이며, 못 듣는 사람의 귀가 열릴 것이며, 그때에 저는 자는 사슴같이 뛸 것이며, 말 못하는 자의 혀는 노래하리니, 이는 광야에서 물이 솟겠고 사막에서 시내가 흐를 것임이라.…여호와의 속량함을 받은 자들이 돌아오되 노래하며 시온에 이르러 그들의 머리 위에 영영한 희락을 띠고 기쁨과 즐거움을 얻으리니 슬픔과 탄식이 사라지리로다. (사 35:5-6, 10)

이 말씀은 세례 요한이 옥에 갇힌 후 예수님이 정말로 자기가 기다린 메시아신지 의심을 가지게 되었을 때, 그가 예수님께 보낸 사람들에게 예수님이 전하라 하신 말씀입니다(마 11:4-5). 이 말씀을 따라 생각해 보면, 하나님의 나라가 예수님과 함께 이미 우리 가까이에 와 있으며, 그 나라의 백성을 모으시고 하나님의 백성답게 회복시키시는 일이 이루어지고 있고, 그렇게 도래한 하나님 나라의 가시적인 표지로서 기적적인 치유들이 자연스럽게 나타나는 것임을 알 수 있습니다.

또한 이와 밀접한 관련이 있는 예언으로서 이사야 61:1-3도 있습니다. 이 예언은 바로 예수님이 나사렛 회당에서 하나님 나라 복음을 선포하시면서 읽으셨던 그 예언입니다(눅 4:16-21). 그 내용은, 하나님이 그 백성에게 오실 때, 그 백성을 회복시키시고 하나님의 영광을 나타낼 '의로운 나무들'로 세우신다는 것입니다. 이 예언은 이사야 35장처럼 육체적 질병의 치유를 직접적으로 언급하지는 않지만, 그 내용과 나란히 놓고 볼 수 있는 예언입니다. 하나님의 나라가 임했을 때, 그 나라에는 마음 상한 자가 없으며, 포로가 없으며, 갇힌 자가 없으며, 슬퍼하는 자들이 없을 것인데, 하나님이 그 백성에게 재 대신에 화관을, 슬픔 대신에 기쁨의 기름을, 근심 대신에 찬송의 옷을 주셔서 그들을 치장하시고, 그들을 하나님의 영광을 나타낼 의로운 나무들로 심으실 것이기 때문입니다.

그러므로 예수님의 치유 사역에 대해 첫째로 기억해야 할 것은, 치유의 표적들은 하나님 나라가 지금 우리 가까이에 와 있음을 알리고, 하나님이 당신의 나라 백성 각 사람을 자기 영광을 나타낼 아름다운 존재로 변화시키는 일이라는 점입니다. 따라서 당연히 하나님 나라 선포에 응답하지 않고 하나님의 메시아 곧 왕이신 예수님을 환영하지 않는 곳에서는 이 표적들이 나타나지 않습니다(마 13:58). 치유의 표적은 불신하는 상태의 마음에 믿음을 발생시키기 위한 도구가 아니라, 선포되는 복음을 듣고 나아온 하나님의 백성 각 사람을 하나님의 영광에 어울리는 모습으로 변화시키시는 하나님의 일입니다.

예수님의 치유 사역

둘째로, 치유 사역은 예수님이 어떤 메시아이신지를 보여 주며 사람들을 향한 하나님의 마음이 어떤 것인지 드러내는 표적들이었습니다.

> 저물매 사람들이 귀신 들린 자들을 많이 데리고 예수께 오거늘, 예수께서 말씀으로 귀신들을 쫓아내시고 병든 자들을 다 고치시니, 이는 선지자 이사야를 통하여 하신 말씀에, "우리의 연약한 것을 친히 담당하시고 병을 짊어지셨도다" 함을 이루려 하심이더라. (마 8:16-17)

여기 인용된 말씀은 이사야 53:4인데, 마태는 이 말씀을 예수님의 다양한 치유와 열 가지 이적을 세심히 선별해 소개한 마태복음 8-9장 가운데 삽입하여 예수님의 치유 사역을 이해하도록 돕습니다. 마태복음 8-9장에 나온 예수님의 치유와 이적은 모두 각각 예수님이 어떤 분이신지를 드러낸다는 공통점이 있습니다. 병자의 고통을 이해하여 치유하기를 원하시며 손을 내밀어 그 몸에 대는 분이며(8:3), 명령으로 질병을 고치실 권세가 있는 분이고(8:8-9), 우리의 연약함과 질병을 가져가고['담당하다'로 번역된 헬라어 동사의 기본 의미는 '취하다'(take)입니다] 그것을 짊어지고 옮겨서 치워 버리시는 분이며(8:17), 제자들의 믿음을 기대하시며 제자들을 해치려는 바람과 바다를 꾸짖는 분(8:26), 귀신들을 권세로 제압하는 하나님의 아들(8:29), 죄를 사하는 권세를 지닌 분(9:6), 병자와 죄인을 치유하고 회복시키는 분(9:12-13), 새 포도주로 혼인 잔치를 즐길 새로운 시대의 신랑(9:15), 불치의 혈루증 여인을 치유하시고 죽은 소녀를 다시 살리신 분(9:22, 25), 맹인들의 눈을 뜨게 하시는 분(9:29-30)입니다.

이렇게 예수님이 모든 병과 모든 약한 것을 고치신 이유는 '목자 없는 양과 같이 고생하며(헬, 껍질이 벗겨지고 상처투성이가 된) 기진한(헬, 내던져지고 버려진) 사람들을 보시고 불쌍히 여기셨기' 때문입니다(마 9:35-36; 14:14). 예수님은 지구상의 모든 병자를 일일이 찾아가서 치유하지는 않으셨지만, '때가 찼고 하나님의 나라가 가까이 와 있다'라는 하나님 나라 복음 선포에 응답하여 당신에게 나오는 모든 사람이 하나님의 관대한 은혜로 치유를 받았습니다(마 14:34-36; 막 6:54-56).[1] 예수님이 선포하시는 복음을 믿고 예수님께 나오는 것 자체가 믿음이요, 하나님이 보내신 메시아를 환영하기 위해 우리가 할 수 있는 가장 중요한 일이기 때문입니다.

셋째로, 예수님은 때때로 많은 사람들이 치유를 받고자 나아올 때에, 그들을 두고 다른 곳으로 가십니다(막 1:35-39, 45; 눅 5:15-16). 예수님의 이 모습을 어떻게 이해해야 할까요? 병자 개개인에게는 자기 질병의 치유가 가장 긴급하고 중요한 문제였겠지만, 예수님의 주된 사명은 모든 사람을 치료하는 의사가 되는 것이 아니었습니다. 예수님이 받으신 사명은 하나님 나라를 선포하고, 모든 곳들을 다니며 하나님의 백성을 모으시는 일이었습니다. 그리고 마지막에는 장차 그를 믿을 모든 사람들을 구원하기 위해 십자가와 부활의 사역을 감당하시는 것이었습니다. 치유는 그 자체로 소중하고 가치 있는 일이겠지만, 하나님의 계획 안에서는 하나님 나라 복음 선포를 통해 하나님의 백성을 모아 그들을 회복시키는 더 중대한 일의 일부일 뿐입니다.

넷째로, 예수님의 치유의 기적들은 하나님의 능력 또는 성령의 능력이 예수님을 통해 나타난 일들입니다. 예수님이 치유나 다른 능력들을 행하실 때는, 자신이 성자 하나님으로서 본래부터 지니셨던 신적 능력을 사용하신 것이 아니고, 성부 또는 성령 하나님의 능력이 하나님이 원하시는 때에 예수님을 통해 나타난 것으로 이해하는 것이 바람직합니다.

> 이스라엘 사람들아 이 말을 들으라. 나사렛 예수는 하나님으로부터 능력들과 이적들과 표적들과 함께 너희들에게 내세워진 사람이며, 그 일들은 하나님이 그를 통해 너희들 가운데서 행하신 것이다. 너희들 자신도 아는 바와 같다. (행 2:22, 저자 사역)

이와 비슷한 표현이 누가복음 5:17('병을 고치는 주의 능력이 예수와 함께했다')과 사도행전 10:38('하나님이 나사렛 예수에게 성령과 능력으로 기름 부으셨다')의 표현에도 나타납니다. 그렇게 이해할 때, 예수님이 "그곳에서는 아무 권능도 행하실 수 없어…"(막 6:5)라는 표현이 가능한 이유도 알 수 있습니다. 많은 성경 본문이 기적을 일으킨 능력의 근원이 예수님인지, 하나님 아버지인지, 성령님인지를 특별히 구별하지 않지만, 이와 같은 몇몇 성경 본문은 좀 더 섬세하게 구별하여 기술하므로, 사도들이 이런 일들을 어떻게 이해했는지를 엿볼 수 있습니다.

이처럼 예수님의 치유 사역은 하나님 나라 도래의 표지였고, 하나님 백성을 모아 하나님의 영광스러운 '의의 나무들'로 변화시키는 하나님의 일이었으며, 예수님이 어떤 메시아이며 하나님 아버지가 얼마나 관대하게 긍휼과 사랑을 베푸시는 분이신지를 보여 줍니다. 그러나 이 치유의 기적은 사람들의 관심을 끌어 그들을 모으는 수단이 아니었고, 지금 모든 병자들을 다 찾아서 치유하는 것이 하나님의 우선적인 뜻이 아니라는 점도 분명합니다. 예수님의 경우에도 치유의 능력은 늘 머물렀던 것이 아니라 하나님 아버지의 뜻에 따라서 작용했습니다. 이런 이해를 바탕으로 사도들은 어떻게 치유 사역을 행했는지 살펴보겠습니다.

사도들과 교회의 치유 사역

사도행전에서 사도들의 치유 사건들은 주로 '표적들'(signs, 행 2:43)로 이해됩니다. 표적이란 드러난 사건 그 자체도 의미가 있겠지만, 그보다 그 사건이 가리키는 것이 더 중요함을 암시하는 말입니다. 그러므로 표적을 볼 때, 우리는 표적이 가리키는 것이 무엇인지, 그것이 나타난 목적이 무엇인지 찾아보아야 합니다. 사도행전의 표적들을 살펴보면 두 가지 목적이 두드러집니다. 첫째는, 예수님이 하나님이 세우신 메시아이심을 확증하는 목적(행 2:22; 4:9-12, 30)입니다. 그리고 둘째는, 사도들이 행하는 일이 하나님의 뜻과 일치함을 확인해 주는 목적[행 2:43; 6:8(스데반); 8:6(빌립의 사마리아인 전도); 14:3; 15:12(바울과 바나바의 이방인 전도)]입니다. 사도들은 그 놀라운 일들을 행하는 능력이 자신에게 있는 것이 아니며, 그들은 단순히 하나님의 손길이 나타나는 통로였다고 이해하고 있습니다[행 3:12, 16; 4:30(하나님의 손!); 5:12-16; 14:3; 15:12; 19:11(**하나님이** 바울의 **손을 통해** 놀라운 능력을 행하심!)].

신약성경을 자세히 읽어 보면, 사도들이나 교회의 지도자들이 병 낫기를 기도해도 병이 즉시 낫지 않은 경우가 있었다는 것을 볼 수 있습니다(고전 11:30; 빌 2:26-27; 딤전 5:23; 딤후 4:20). 일부 사례에서는 병 고치는 기적이 사람이 원할 때마다 일상적으로 나타낼 수 있는, 사람에게 속한 능력이 아니었음을 보여 줍니다. 한편, 하나님은 교회의 어떤 지체에게 병 고치는 은사를 주셔서 기도를 통해 병을 치유할 수 있게 하십니다(고전 12:9, 28-30). 혹시 나에게 이런 은사를 주셨는지 알기 위해서라도, 우리는 적어도 한 번 이상 병자의 치유를 위해 안수하며 기도해 보아야 합니다.

또한 예수님의 동생 야고보 사도는 교회 안에 병든 사람이 있으면, 장로들을 초청해 치유 기도를 받으라고 권면합니다(약 5:14-16). 이 말씀은 병자를 위한 기도가 소수의 은사를 받은 사람들만 독점하는 일이 아니며, 하나님이 교회 지도자들을 통해 일상적으로 행해야 하는 일임을 말해 줍니다. 기도할 때마다 병이 즉시 낫는 것은 아니겠지만, 교회는 병든 지체들을 위해 믿음으로 기도하는 것을 정상적이고 일상적인 관행으로 삼아야 합니다. 기도할 때는 즉시 병이 낫는 경우, 점차 나아지는 경우 혹은 하나님의 더 큰 섭리 안에서 낫지 않는 경우가 있을 것입니다. 그러나 이 모든 경우에 우리는 하나님 아버지의 사랑과 은혜를 신뢰하면서, 하나님이 지금 병을 낫게 하시지 않는 더 큰 뜻을 알려 주실 때까지(고후 12:7-10) 그치지 말고 하나님을 신뢰하면서 서로서로 병 낫기를 간구해야 합니다. 이때, 병이 빨리 낫는 것 자체에만 집착하지 말고, 우리의 삶 전체가 하나님의 영광에 어울리는 하나님 백성과 자녀다운 "아름다운 의의 나무"(사 61:3)가 되기를 소원하며 간구한다면, 그 기도가 더 온전히 하나님의 뜻에 합당해질 것입니다.

부록 2 하나님 나라 복음과 거듭남

거듭남의 증거인 열매 맺음

19-20세기 복음주의 전도에서는 회심(conversion)이 중요한 주제였습니다. 복음을 믿고 개인적으로 회심을 체험해야 그 체험에 근거해 구원의 확신을 가질 수 있고, 구원의 확신이 있어야 '거듭난 그리스도인'(a born-again Christian), 즉 참된 신자가 되었다고 말할 수 있다는 생각이 널리 퍼졌기 때문입니다. 20세기의 시작과 동시에 시작된 오순절 운동은 여기서 좀 더 나아가 진정한 거듭남의 증거로 '성령 세례'의 체험, 곧 방언을 말하는 체험이 있어야 한다고 믿었습니다.●

● 오순절 운동에서 말하는 '성령 세례'는 일반적으로 방언 체험을 의미하는데, 사도행전에 나타나는 '성령 세례의 외적 표지들'과는 미묘하게 의미가 다르다. 사도행전에서 성령 세례의 외적 표지들이 나타난 장면들은 복음이 예루살렘에서 출발하여(행 2장) 사마리아와(8:4-25) 이방 민족들에게로(10:1-11:18) 점점 확장되

그런데 우리가 6장에서 살펴본 예수님의 씨 뿌리는 자의 비유(마 13장)에 따르면, 복음 선포의 말씀을 듣고 "기쁘게 받아들이는" 자들 중에서도 열매를 맺지 못하는 사람들이 많습니다. 그러므로 복음 선포 직후 기뻐하며 말씀을 받아들이는 반응이나 그에 동반하는 영적 체험이 참된 신앙을 판단하는 표지가 될 수는 없습니다. 예수님은 참된 제자의 표지가 무엇인지 분명히 말씀해 주셨는데, 그것은 예수님을 "주여, 주여" 부르는 신앙 고백도 아니고, 예언자나 귀신 축출자로서 영적 능력을 발휘하는 것도 아니며, 하나님의 뜻을 행하는 열매, 즉 예수님의 명령들을 실천하는 모습입니다(마 7:21-24). 이 말씀을 따라 생각해 보면, 자신이 참된 그리스도인이 되었는지는 스스로 예수님의 명령들을 실천하는 **열매**를 맺고 있는지 확인함으로써만 알 수 있습니다. 그러므로 **결신 후 즉시 알 수 없고 시간이 걸립니다.** 기쁨이나 다른 감정을 동반한 신비 체험도, 방언 현상이나 예언의 은사도, 다른 어떤 신기한 종교적 체험이라도, 그것을 '거듭남의 체험'(하나님의 자녀로 다시 태어나는 순간과 관련된 경험)으로 여기는 것은 예수

어 나가는 과정에서 경계를 넘어갈 때마다 성령님이 표적들을 주셔서 사도들에게 확신하게 하시는 사건들이다. 이후의 복음 선포에서 이와 유사한 현상들이 나타나는지 여부는 성령님의 자유로운 뜻에 속한 일이므로, 기도하며 기대할 수는 있겠으나 예외 없는 법칙이라고 여길 수는 없다. 이 주제에 관해서는 존 스토트, 『성령 세례와 충만』(*Baptism and Fullness*, 김현회 옮김, IVP, 2002)을 참조하라.

님의 말씀에 근거한 것은 아닙니다.

회심의 즉각성과 점진성

미국 하버드 대학의 의사이자 심리학자이자 철학자였던 윌리엄 제임스(William James)는 여러 가지 종교 체험들을 심리학적으로 분석한 『종교적 경험의 다양성』(The Varieties of Religious experience, 1902)이라는 책을 썼는데, 그 책의 9장과 10장에서는 회심 체험을 다룹니다. 이 장들에서는 많은 실제 사례를 소개하고 선행 연구들과 당시 새롭게 등장한 잠재의식 개념을 활용해 회심 체험을 설명했습니다.[1] 그는 한 사람이 헌신해 오고 영향을 받은 관념 집단을 "그의 개인 에너지의 습관적 중심"(the habitual centre of his personal energy)이라고 명명하고, 회심을 다음과 같이 설명합니다.

> 사람이 '회심되었다'고 말하는 것은 이전에 그의 의식 주변부에 있던 종교적 관념들이 이제 중심적 위치를 차지한다는 것을 의미한다. 그것은 종교적 목표들이 그 사람의 에너지의 습관적 중심을 형성한다는 것을 의미한다.[2]

즉, 의식이 깨닫지 못하는 동안 주변부 잠재의식 안에 계속

축적되어 왔던 종교적 관념들의 에너지가 어떤 계기를 통해 일반 의식 안으로 침투해 들어가면서 일반 의식에 지속성 있는 변화를 일으키는 것이 회심 체험이라고 본 것입니다. 이러한 **회심의 체험**은 일반 의식과 잠재의식 사이의 경계의 성질이 개인마다 다르므로, **점진적 변화의 체험으로 나타날 수도 있고 순식간에 변화가 일어나는 식으로 경험할 수도 있습니다.**[3] 그는 이 회심 체험의 진정성은 결국 고상한 종교적 삶을 낳는지를 보고 알 수 있으며, 진정한 회심 체험이 일어난 이후 과거로 돌아가는 경우는 드물다는 것을 선행 연구 자료를 들어 확인해 줍니다.[4] 제임스의 책이 제시하는 분석과 여러 사례들을 통해 알 수 있듯이, 회심 체험은 최초 결신의 순간 또는 하나님 자녀로 다시 태어나는 순간에 일어나는 '거듭남'의 체험이라기보다는, 신앙의 여정에서 잠재적으로 축적된 에너지가 한 단계를 뛰어오르는 놀라운 변화로 나타나는 **변화의 체험**으로 이해해야 합니다. 이런 변화는 점진적일 수도 있고 순간적일 수도 있으며, 변화가 낳은 결과와 지속성을 보고 진정성을 판단할 수 있습니다.

거듭남에 대한 예수님과 사도들의 가르침

이제 '거듭남'이라는 좀 더 성경적인 개념에 주의를 기울여 보겠습니다. 회심(conversion)과 거듭남(regeneration, 중생)은 종종 혼동되지만 기원부터 완전히 다른 말입니다. 전자는 성경에 나오는 말이 아닌 반면, 후자는 성경에 나오며 구약 시대부터 배경 그림이 형성되어 온 말입니다. 거듭남이라는 명사(헬, '팔링게네시아')는 성경에 두 번(딛 3:5; 마 19:28) 나오고, 예수님이 직접 거듭남에 관해 언급하시는 장면이 요한복음 3장에 나오며, 그리고 베드로 사도의 편지에도 거듭남이 언급됩니다(벧전 1:3, 23).

> 우리를 구원하시되 우리가 행한 바 의로운 행위로 말미암지 아니하고 오직 그의 긍휼하심을 따라 중생의 씻음과 성령의 새롭게 하심으로 하셨나니…. (딛 3:5)

> 예수께서 그들[열두 제자]에게 말씀하셨다. "진실로 너희에게 말한다. 나를 따르는 너희는 중생의 때에, 즉 인자가 그의 영광의 보좌에 앉을 때에, 너희도 열두 보좌에 앉을 것이며 이스라엘의 열두 지파를 다스릴 것이다." (마 19:28, 저자 사역)

위 디도서 3:5에서 "중생의 씻음과 성령의 새롭게 하심"이라는 표현은, 유사한 표현이 나왔던 에스겔 36:25-27의 새 언약 예언을 배경으로 삼고 있습니다. 씻음은 세례를 암시하므로, **사도는 세례를 통해 신자가 예수님과 연합함으로써 중생이 일어난다고 생각하고 있습니다.** 중생과 성령의 내주는 밀접한 관계가 있겠지만 여기서 완전히 동일한 것으로 표현하지는 않았습니다. 그런데 마태복음 19:28에서 같은 단어인 중생이 예수님의 재림과 새 창조의 때를 가리키는 말로 사용됩니다. 여기서 중생은 한 개인의 중생이 아닌 온 창조 세계가 다시 태어나는, 즉 부활하는 것을 가리키는 표현입니다(9장 참조). 이렇게 중생(거듭남)이라는 단어가 두 가지 다른 맥락에서 사용될 수 있는 이유는, 개인적 거듭남이 온 창조 세계의 거듭남이라는 전체 그림의 한 부분이기 때문입니다.[5]

예수님은 바리새인 니고데모와의 대화에서 "사람이 거듭나지 아니하면 하나님의 나라를 볼 수 없느니라"(요 3:3)라고 하셨습니다. 니고데모가 사람이 어떻게 두 번 태어날 수 있는지 되묻자, "사람이 물과 성령으로 나지 아니하면 하나님의 나라에 들어갈 수 없느니라. 육으로 난 것은 육이요, 영으로 난 것은 영이니…"(요 3:5-6)라고 답하셨습니다. 이 말씀을 살펴보면, 첫째로, 물과 성령은 디도서 3:5처럼 에스겔 36장의 새 언약 예언을 떠올리게 합니다. 둘째로, '거듭(헬, '아노덴') 태어나다'라는 말은 의도적으로 두 가지 뜻을 지니게 만든 표현입니다. 한 가지는 '처음부터 다시'라는 의미이고, 다른 한 가지는 '위로부터'라는 의미입니다. 즉, 거듭남이라는 것은 처음부터 다시 새로운 삶이 시작되는 두 번째 출생이며, 그 삶은 위로부터 성령님을 통해(3:8) 은혜로 부여되는 삶입니다. 그러므로 거듭남 현상은 에스겔의 새 언약 예언의 성취이며, 새 언약의 일부인 새로운 출생 없이는 어느 누구도 하나님의 나라에 들어갈 수 없습니다.

예수님의 거듭남에 대한 말씀은 단지 비유가 아니라 실재에 관한 것이며, 세계관을 완전히 바꾸도록 요구하는 말씀이었습니다. 니고데모는 자신의 유대교적 세계관을 통해서는 그 말씀을 전혀 이해할 수 없었습니다(요 3:4). 예수님은 거듭남이 육으로 난 것과 영으로 난 것을 날카롭게 구별하고 갈라놓는다고 말씀하십니다. 첫 번째 태어남을 통해 우리가 소유한 것과 두 번째 태어남 때문에 우리가 새롭게 소유하게 된 것은 본질적으로 구분되어야 하고 혼합되어서는 안 됩니다. 첫 번째 부모에게서 물려받고 사용한 온몸, 신분, 재산, 정체성, 경험 등은 두 번째 탄생 이후의 삶에서는 철저히 포기되거나 변형되어야 한다는 말입니다(비교. 막 10:29-30).

이와 의미심장하게 연관된 말씀은 부활에 대한 예수님의 말씀입니다. 부활이 없다고 믿었던 사두개인들과의 논쟁에서 예수님은 "부활 때에는 장가도 아니 가고 시집도 아니 가고 하늘에 있는 천사들과 같으니라"(마 22:30)라고 말씀하셨습니다. 이것은 첫 번째 출생에 속한 생물학적 정체성인 성별과 사회적 정체성인 혼인 관계조차도 두 번째 출생의 나라가 완성될 때에는 완전히 제거되거나 변형될 것이라는 말씀입니다. 이처럼 부활은 사두개인들이 상상한 것보다도 훨씬 더 근본적인 변화를 일으킬 것입니다.

"육으로 난 것은 육이요, 영으로 난 것은 영"이라는 예수님의 말씀은 모든 생물학적, 사회적, 문화적 정체성을 제자 공동체 안으로 가져와서 근본적인 범주로 만드는 것을 강력하게 금지합니다. 제자 공동체 안에서는 서로를 다시 태어난 하나님의 자녀로 알고 '형제', '자매'라고 부르는데, 이것은 예수님의 거듭남 사상을 직접적으로 적용한 것입니다. 제자 공동체의 형제자매를 부르는 또 다른 호칭은 "(하나님의) 사랑받는 자"인데, 이것 또한 복음의 직접적 적용으로서 신자의 가장 근본적인 거듭남의 정체성을 담고 있습니다(61쪽 하단주 참조). 거듭나기 전에 우리가 어떤 성별, 나이, 신분, 지위를 가지고 있었고 어떤 나라와 인종에 속했든지, 거듭남의 공동체인 제자 공동체 안에서 그 정체성은 2차적인 것으로 (존중해야 하지만) 상대화됩니다. 오직 형제, 자매, '하나님의 사랑받는 자'라는 정체성만 1차적인 중요성을 지닙니다.[6] 이러한 급진적인 거듭남 사상은 예수님의 진짜 제자인 사도 바울의 다음 말에도 명확히 나타납니다.

> 누구든지 그리스도 안으로 세례를 받은 사람은 그리스도를 옷 입었습니다. 유대인도 없고 헬라인도 없으며, 종도 없고 자유인도 없으며, 남성도 없고 여성도 없습니다. 왜냐하면 여러분 모두가 그리스도 예수 안에서 하나이기 때문입니다. (갈 3:27-28, 저자 사역)

그러므로 우리가 이제부터는 어떤 사람도 육신을 따라 알지 아니하노라. 비록 우리가 그리스도도 육신을 따라 알았으나 이제부터는 그같이 알지 아니하노라. 그런즉 누구든지 그리스도 안에 있으면 새로운 피조물이라. 이전 것은 지나갔으니, 보라, 새것이 되었도다. (고후 5:16-17)

제자 공동체가 이 말씀처럼 예수님이 말씀하신 거듭남의 사상과 세계관을 철저히 배우고 살아 냈더라면, 지난 이천 년간 교회 안에서만큼은 인종 차별이 없었을 것입니다. 그뿐 아니라 노예 제도는 유명무실해지거나 더 일찍 폐지되었을 것이며, 성별에 상관없이 모두가 동등한 하나님 자녀로 존중받으며 성령이 나누어 주신 은사에 따라 서로를 섬겼을 것입니다. 그런 방식으로 각 시대마다 교회가 세상의 소금과 빛이 되는 소명을 감당해 냈을 것입니다. 하나님 나라 복음 안에 나타난 이 거듭남의 사상을 철저히 수용하고 실천하는 만큼, 오늘날의 교회도 그만큼 우리 시대 안에서 변혁적인 공동체가 될 수 있을 것입니다.

부록 3 하나님의 원대한 계획

예수님과 사도들이 선포한 하나님 나라 복음은 구약성경을 통해 계시되었던 하나님의 원대한 계획이 예수님을 통해 바로 지금 성취되고 있다는 선언이었습니다. 그런데 예수님과 사도들의 복음 선포의 주된 청중은 구약성경에 나타난 하나님의 원대한 계획에 대한 선이해가 어느 정도 있던 유대인들이나 유대교로 개종한 이방인들이었습니다. 그러므로 사도들은 그 원대한 계획의 일부를 소개하면서 그 내용으로부터 예수님이 하나님의 메시아 되심을 청중에게 제시하였습니다.

다음 내용은 구약성경의 첫 부분인 창조로부터 신약성경의 마지막 부분인 창조 세계의 완전한 회복까지를 13개 문단으로 요약한 것인데, 이 책에서 예수님의 가르침과 사역을 중심으로 제시한 것과 조금 다른 각도에서 하나님 나라 복음의 전체 내용을 마음에 그려 볼 수 있도록 정리한 것입니다.

1. 하나님은 동물과 식물과 그들이 거주할 땅과 하늘을 창조하셨고, 그들을 기뻐하시며 생육하고 번성하도록 복을 주셨습니다(창 1:22). 하나님은 자신의 형상을 부여한 대리자로서 인간을 창조하시고 그들에게도 생육하고 번성하는 복을 주시며, 그들로 하여금 자신이 지은 만물을 다스리고(창 1:28) 섬기고 돌보는(창 2:15) 역할을 부여하셨습니다. 하나님은 창조하신 인류와 다른 생물들과 그들의 거주 공간인 세계에 대해 크게 만족하셨으며, 이 창조 세계 전체가 평화롭게 공존하며, 하나님이 주신 생명의 잠재력을 풍부하게 발현하며, 때를 따라 안식의 즐거움을 누리며, 이 세계 안에서 하나님과 함께 하나님을 예배하며 살아가도록 계획하셨습니다(창 2:1-3).

2. 하나님이 첫 번째 창조 세계 위에 베푸신 복은 첫 번째 인간인 아담의 실패 때문에 일그러졌습니다. 아담과 그의 아내는 하나님을 믿지 않았고, 순종하지 않았으며, 스스로 하나님처럼 되고자 선택함으로써 결국 하나님으로부터 분리되었습니다(창 3장). 이후 하나님을 잊어버린 인류는 하나님의 뜻에 따라 세상을 다스리고 섬기고 돌보라는 원래의 소명에서 벗어나, 탐욕을 따라 행하며 하나님 보시기에 악한 폭력과 억압과 착취라는 삶의 방식을 낳았습니다(창 6:5-6, 11-12). 인류에게 제시된 하나님의 최초 계획은 잊혔고, 세상에는 바벨탑 건축으로 상징되는 권력의 집중과

지배와 억압의 확장을 추구하는 타락한 제국적 삶의 방식이 만연하게 되었습니다. 하나님을 알지 못하는 인류는 땅 위에서 스스로 번성하기 위해 힘의 논리와 지배와 억압의 질서를 구축하고 타락한 제국 문명을 형성해 나갔습니다(창 11장).

3. 하나님은 메소포타미아의 한 제국의 수도 우르로부터 아브라함이라는 한 사람과 그 가족을 선택하시고 불러내심으로써, 제국의 억압과 확대를 통한 문명 발전 이야기와는 구별되는, 하나님이 직접 다스리시는 백성의 이야기를 시작하셨습니다(창 12장). 하나님은 아브라함 가족을 선택하여 동행하심으로써 그들을 중심으로 하나님의 백성을 창조하고자 하셨고, 그 백성의 모범을 통해 인류를 향한 하나님의 뜻이 무엇인지를 보여 주고자 하셨습니다.

하나님은 아브라함의 믿음을 통해, 그리고 아브라함의 본을 따르는 그의 후손을 통해, 땅의 모든 족속이 하나님을 아는 복을 누리게 하고자 하셨으며, 최종적으로는 모든 인류와 피조물이 아브라함의 후손인 예수 그리스도 안에서 공존하며 번영하게 하실 것이라는 약속을 주셨습니다(창 15:1-5; 17:1-8). 하나님은 인류가 추구해 온 타락한 제국 문명에 대한 대안 문명을 창조하고 계시며, 그 새로운 문명의 기초는 각 사람이 하나님을 믿고 하나님과 동행하는 삶임을 보여 주시기 위해 구체적 모델로서 아브라함의 삶을 빚어 가셨습니다(창 12-22장; 롬 4장).

4. 하나님은 아브라함과의 언약을 지키시며 그의 후손인 이스라엘 민족을 통해 자신의 계획을 진행시키셨습니다. 하나님은 이집트 제국의 억압 아래서 신음하고 부르짖던 이스라엘 민족을 구출하셨는데, 이 출애굽 사건을 통해서 하나님은 역사 속에서 자신이 행하는 구원이 어떤 것인지를 보여 주셨습니다. 하나님은 하나님의 계획과는 대조적인 인류의 제국 문명이 어떻게 총체적 악을 생산하는지, 또 하나님은 그러한 악한 제국의 억압으로부터 인류를 어떻게 구출하셔서 그들을 정치적, 사회적, 경제적, 육체적, 인격적, 영적 차원에서 온전히 회복시키고자 하시는지를 보여 주셨습니다(출 1-15장).

5. 출애굽 사건 이후에 하나님은 광야에서 이스라엘과 동행하시며 그들과 언약을 맺고 하나님의 성품과 뜻에 기초한 대안 문명의 국가를 이루도록 율법(토라)을 주셨습니다. 율법은 하나님의 통치 원리가 폭력이 아닌 공의이며, 약자의 배제가 아닌 포용임을 공시하였고, 이스라엘은 이를 통해 하나님의 통치 아래 번영을 누리는 인류 문명이 어떤 모습인지를 보여 주는 모델이 되게 하셨습니다(출 19-31장).

특히, 율법에는 50년마다 토지를 본래 주인에게로 돌려주는 희년법이 존재했는데, 이것은 확대 가족인 희년 공동체를 사회의 기본 단위로 삼고 사회적 연대를 통해 약자를 보호하는 제도였습니다. 이것은 또한 국가의 소수 특권층에 토지와 부와 권력이 집중되는 것을 막음으로써 공존과 번영이라는 공동선을 이루게 하는 제도였습니다(레 25장). 하나님은 이러한 공의로운 율법 위에 한 나라를 세우심으로써 세상의 여러 민족과 나라들이 그들을 보고 하나님께로 나아오게 하는 매력적인 모델로 삼고자 하셨습니다(신 27-30장).

6. 이스라엘은 하나님의 율법에 기초한 사회를 이루는 데 실패했습니다. 그 이유는 그들이 하나님이 제시하신 삶의 방식을 거부하고 우상숭배에 빠졌기 때문입니다. 그들은 하나님의 율법이 제시하는 삶이 실현 가능함을 믿기보다, 주변 제국들이 강력한 군사력으로 통치하는 것을 보고 그것을 흉내 내기 위해 왕을 세워 달라고 요구했습니다(삼상 8장). 이스라엘의 왕들은 주변 제국들의 통치 방식뿐 아니라 그들의 우상까지도 받아들였고, 우상숭배를 하나님을 향한 신앙과 혼동하고 혼합하였습니다. 그래서 하나님은 그들이 선망하던 제국들로 하여금 그들을 정복하고 지배하도록 허락하셨고, 제국의 압제를 하나님 백성의 불순종과 우상숭배를 심판하는 도구로 삼으셨습니다. 하나님 백성은 바빌로니아 제국의 포로가 되었고 그 제국의 문명 아래 살며 억압적 통치를 경험하게 됩니다(사 1-5장; 렘 28-29장).

7. 하나님은 제국의 포로가 된 하나님 백성과 동행하시면서 그들을 통해 하나님의 계획을 새로운 방식으로 성취해 나가셨습니다. 이스라엘은 당시 세계의 중심과도 같았던 바빌로니아와 페르시아 제국 속에 살면서 하나님의 뜻에 따라 제국의 평화를 추구하며 하나님 백성으로 사는 방법을 배우게 되었습니다(렘 29-33장; 단 1-6장). 그들의 포로 경험은 눈을 열어 주어 야훼 하나님이 한 시대의 제국을 세우기도 하고 무너뜨리기도 하는 역사의 주권자이시며 온 세상의 창조주이심을 알게 하였습니다(사 40-55장). 또한 하나님은 예정하신 때에 새로운 제국 페르시아를 일으켜 하나님의 백성을 압제하던 악한 제국 바빌로니아를 심판하시며 그 백성을 해방하셨고(사 45:1-8), 하나님의 통치를 결정적으로 가져올 메시아를 기다리게 하셨습니다(단 7-12장).

8. 로마 제국이 절정의 번영을 자랑하던 주전 1세기 말, 하나님은 약속하신 메시아, 하나님의 독생자이며 두 번째 아담이며 진짜 이스라엘이신 예수님을 보내셨습니다. 예수님은 하나님 나라의 복음을 선포하셨는데, 곧 자신을 통해 하나님이 약속하셨던 그 나라가 도래하였고, 회개하고 그 나라를 받아들이는 자들은 지금부터 즉시 그 나라에 들어갈 수 있다는 메시지였습니다. 예수님은 자신의 세례와 삶, 말씀과 사역을 통해 그 도래한 하나님 나라를 나타내셨습니다.

예수님은 단지 그 나라에 대한 증인이 아니라 그 나라를 가져오신 메시아이며, 그 나라의 주인공이며, 장차 그 나라의 왕으로 등극할 분이었습니다. 예수님의 말씀과 사역은 인류의 궁극적 원수인 사탄과 그의 조종을 받는 악한 제국 체제들의 강력한 저항을 받았습니다. 그 결과 예수님은 인류 역사상 가장 고상한 문명 체제라 자부하던 로마 제국의 정치 체제, 유대교 종교 체제와 충돌하였고, 그 제국 체제들에 대한 반역죄로 십자가형의 죽임을 당하셨습니다.

9. 예수님의 십자가는 타락한 제국 체제의 배후에서 권력자들을 조종하여 하나님의 통치를 대적하게 하는 인류의 궁극적 원수인 사탄의 정체를 폭로하였습니다. 또한 죄에 사로잡혀 사탄의 조종을 받는 인류의 마음이, 무죄한 하나님의 아들을 합법을 가장한 폭력으로 살해할 만큼 뿌리 깊게 부패해 있음을 충격적으로 깨닫게 해 주었습니다. 하나님 아들의 죽음이라는 경악스러운 결과는 인류의 모든 비참함의 뿌리가 되는 하나님에 대한 불신과 하나님 통치에 대한 거부가 얼마나 심각한 문제인지를 폭로합니다.

하나님은 예수님을 사흘 만에 부활하게 하심으로써, 예수님의 십자가 죽음이 하나님 통치의 회복을 위해 우뚝 선 기념비적 사건이 되게 하셨습니다. 예수님의 죽음은 사탄의 지배를 무너뜨리고 인류의 마음의 악을 근원적으로 제거하기 위해 희생하신 죽음이었고, 인류의 죄 문제를 법적으로 그리고 실체적으로 해결하는 죽음이었습니다. 하나님은 십자가를 통해 인류의 죄를 은혜와 관대하심으로 간과하시고, 하나님의 의로우심을 나타내시고, 예수를 믿는 자를 의롭게 하십니다(롬 3:25-26). 하나님은 예수님의 십자가 죽음을 아직도 악한 인류에 대한 자신의 사랑의 확실한 증거로 내세우셨습니다(롬 5:8).

10. 부활은 예수님의 말씀과 사역이 옳았으며 그분이 참 하나님의 아들이며 땅 위에 와 있는 하나님 나라의 주인공이심을 확증하는 사건입니다. 그것은 또 하나님의 구원 역사의 절정으로서 하나님의 사랑이 악을 이기고 승리한 사건이며, 사탄이 지배하는 신성모독적인 제국 체제와 모든 사람을 속에서부터 삼키는 부패한 힘인 죄의 노예 된 상태로부터 인류를 해방하는 두 번째 출애굽 사건입니다. 이 두 번째 출애굽에서 예수님은 억압에 기초한 권력 추구와 팽창이라는 제국적 질서의 악함을 폭로하시고, 자기를 내어주는 사랑과 섬김의 십자가야말로 인류의 죄악과 반역적 제국 체제를 뒤집는 하나님의 지혜임을 알리셨습니다(고전 1:18-20).

또한 예수님의 부활은 모든 창조 세계와 만유의 부활이 도래할 것을 알리는 첫 번째 신호탄입니다. 예수님의 부활은 장차 인류를 포함하여 하나님의 피조물 전체가 영광스러운 부활에 참여할 소망 가운데 있음을 선포합니다(롬 8:18-22). 부활하신 예수님은 지금 하나님 통치의 보좌에 앉아서 세계를 다스리고 계십니다(엡 1:20-22). 그런데 예수님의 통치는 힘을 통한 강제가 아닌 사랑의 감화와 설득과 오래 참으시는 사랑으로 이루어지며, 민족과 국가와 인종과 문화에 깔린 지배와 억압과 교만과 차별을 서로에 대한 감탄과 칭찬과 포용으로 대치하면서, 아브라함과 이스라엘을 통해 모든 인류에게 복을 베푸시겠다는 옛 언약을 성취하십니다.

11. 예수님의 십자가와 부활이 하나님의 구원 사건임을 믿고, 십자가를 통해 인류와 나 자신의 운명을 대신 담당한 예수님 앞에 겸손히 무릎을 꿇으며, 제국적 체제에 편승하여 자기 보존을 추구한 불신앙과 악한 삶의 방식에서 돌아서기로 결단하며, 그분이 나 자신과 온 세상의 주인이심을 고백하여 그분의 통치를 받아들이고, 성령의 부음을 얻기 위해 그의 이름으로 세례를 받는 사람들은, 예수님 안으로 들어오며 예수님과 연합하며 예수님을 머리로 하는 새로운 이스라엘 백성의 일원으로 다시 태어납니다. 그들은 세례를 통해 그리스도와 한 몸이 되어, 그리스도의 십자가 죽음 안에서 그들의 육신도 함께 죽었으므로, 죄(Sin)는 추방되었고 그들은 죄의 지배로부터 해방되었습니다(롬 8:3).

또한 그리스도의 부활 안에서 그들은 새로운 생명 곧 성령의 내주하심을 선물로 얻었으며, 성령님의 도우심으로 하나님을 섬기고 이웃을 사랑할 수 있는 영광스러운 자유를 지금부터 향유합니다. 그들은 항상 그리스도 안에 있으므로 그분의 삶과 사역이 가져온 모든 복을 자신의 것으로 소유합니다. 그들은 내주하시는 성령님의 음성을 듣고 그분의 인도하심을 받아, 몸에 남은 옛 습관을 깨뜨리며 그들의 몸을 하나님이 기뻐하시는 일에 사용합니다. 우리를 부활하게 하시리라는 하나님의 약속을 굳게 믿고, 죽음으로 위협하고 속박하려는 사탄의 권세를 두려워하지 않는 것이야말로 새로운 인류에게 요청되는 새로운 삶의 방식입니다.

12. 교회는 예수님의 이름으로 세례를 받아 예수님과 연합한 신자들의 공동체이며, 참 이스라엘이신 예수님의 몸이며, 하나님의 통치를 받는 백성입니다. 또한 교회는 성령의 능력을 힘입어 예수님의 가르침을 실천함으로써 예수님을 통해 이 땅에 도래한 하나님 나라를 지금 향유하며, 그 나라에 대한 소식을 모든 민족에게 전파합니다. 예수님은 성령님을 교회보다 앞서 보내시며, 성령님이 주도하시는 전도와 회개와 세례를 통해 사람들을 그의 몸인 교회의 일부로 받아들이시며, 그의 교회를 가르치시고 인도하시고 동행하시면서 그들로 하여금 하나님의 통치를 경험하고 알게 하십니다.

교회는 예수님의 명령들을 성령의 능력으로 실천하는 공동체이며, 하나님의 통치를 먼저 배우고 경험하며 나타냄으로써 세상을 위한 소금과 빛이 되고, 세상으로 하여금 하나님 나라의 삶의 방식과 통치 체제에 매료되어 예수께로 돌아오게 하는 사명을 받았습니다. 교회는 하나님 나라의 복음 곧, 예수의 십자가와 부활을 통해 인류의 원수인 사탄과 그의 악한 제국 체제가 결정적으로 전복되었으며, 인류를 근본적으로 갱신하시는 하나님의 평화의 통치가 지금 실현되고 있다는 소식을 모든 민족과 나라에 증언합니다. 그러나 사탄과 일부 세상의 통치자들과 권력자들은 마지막 심판의 날까지 하나님 나라의 전파를 가로막으며 교회를 핍박할 것인데, 하나님의 섭리 안에서 그들에게는 성도들을 죽일 권한까지도 허용되어 있습니다(계 2:10, 13).

13. 예수님은 현재 은밀하게 전파되고 조용히 성장하던 하나님의 나라를 마지막 날에는 모든 인류의 눈앞에 나타내실 것이며, 그때에 이 나라에 대항하던 악의 체제는 그 추악한 정체가 완전히 폭로되고 심판받아 해체되어 그 잔해까지도 소멸될 것입니다. 그때에는 하늘과 땅이 새롭게 태어나는 창조 세계의 부활이 일어날 것이며, 그리스도 안에서 죽은 모든 자들과 만물이 부활하여 새로운 인류의 영광스러운 운명을 보게 될 것입니다.

악한 제국 체제에 동조하거나 굴복하지 않고 믿음으로 신실하게 자신의 소명을 수행한 성도와 교회는 하나님의 상을 받을 것이며, 악한 제국 체제에 동조하거나 편승하여 불의한 특권을 누리고 억압의 도구로 봉사했던 이들과 하나님에 대한 불신앙을 신앙이라고 억지로 우기던 거짓 예언자들은, 그들이 섬기던 사탄과 함께 영원히 타는 불 못에 던져지는 공의롭고 두려운 최후의 심판을 받을 것입니다(계 19:20; 20:10, 14-15).

부록 4 오해하기 쉬운 주요 성경 용어들

성경을 읽을 때 본문의 중요한 단어들이 성경의 처음 독자들에게 어떤 뉘앙스와 이미지로 다가왔는지를 이해하면 본문을 훨씬 더 생생하게 읽을 수 있습니다. 아래에서는 성경에서 흔히 등장하는 단어들이 가진 배경 그림을 중심으로 그 단어들의 의미를 간략히 설명해 보았습니다. 앞에서 이미 언급되었던 내용들이 대부분이지만 일상에서 흔히 오해되거나 오용될 수 있는 단어들의 배경 그림과 의미를 다시 한번 정리해 두었습니다.

교회(헬, '에클레시아') 교회는 **하나님의 백성으로 부름받은 사람들의 공동체**를 의미한다. 교회는 일상에서 흔히 말하는 것처럼 '예배를 위한 건물'이 아니라 그곳에 모이는 사람들이다. 교회는 머리이신 예수님의 몸이며 교회의 구성원들은 예수님의 몸의 각 지체다. 교회는 예수님이 세상의 소금과 빛이 되도록 부르신 제자들의 공동체이므로, 교회의 존재 목적은 예수님의 명령들을 성령의 도우심으로 실천하는 가운데 거룩함에서 자라나 세상을 향해 하나님의 영광을 나타내는 것이다.

구원 성경에 나오는 '구원'이라는 말은 '믿고 죽어서 하늘나라에 가는 것'이 아니다. 성경에 나오는 구원이라는 말의 일상적 의미는 '구출'이며, **곤경에서 구출받는 것**이 바로 구원이다. 우리는 예수님을 통해 죄와 사탄이 원인이 되는 삶의 곤경으로부터 구출받는다. 예수님의 구원은 그 자체가 목적이 아니라, 하나님의 백성으로 아름답고 영광스러운 의의 나무가 되는 것(사 61:3)에 궁극적 목적이 있다. 죽어서뿐 아니라 지금 이곳에서부터 거룩한 하나님의 백성이 되어 하나님의 이름을 영화롭게 하기 위해 우리는 구원받았다.

믿음 신학자들은 믿음에 네 가지 측면이 있다고 말한다. 즉, 지적 동의, 의견의 수용, 인격적 신뢰, 마음의 확신 등이다. 이 네 가지 중 구원을 받게 하는 믿음은 관계적 개념인 **인격적 신뢰**(trust)다. 즉, 예수님과 하나님 아버지에 대한 신뢰와 의탁이 구원에 이르는 믿음이다. 성경에서 믿음(faith)은 신실함(faithfullness)과 동일한 단어다. 하나님을 신뢰하는 믿음으로 살아가는 사람은 하나님과의 언약에 신실하게 행하는 신실함의 열매를 맺게 된다. 잘 믿는 사람은 곧 신실한 사람이다. 복음을 믿는다는 말에서도 복음의 명제나 교리 자체가 아니라 복음이 가리키는 예수님과 하나님 아버지를 신뢰하는 것에 무게 중심이 있다. 어떤 성경 본문에서는 믿음이 확신(confidence)이라는 의미로 사용되기도 한다. 이 확신은 신뢰가 계속된 상황에서 마음에 형성된 확고함의 상태다. 그러나 확신은 신자의 마음의 상태이므로 상황에 따라 흔들리고 변할 수 있다. 그러나 구원의 근거는 신자의 마음의 확신에 있지 않고 예수님에게 연합된 사실 자체에 있으므로, 확신이 변하고 불확실한 경우에도 신자가 구원받은 사실과 그 근거는 흔들리지 않는다.

복음 복음의 문자적이고 일상적인 의미는 **좋은 소식**이다. 복음이라는 단어는 1세기 로마 제국에서는 황제의 탄생이나 그가 성취한 승리를 전하는 소식을 의미할 때 일상적으로 사용되었다. 초기 교회가 선포한 복음의 기본 메시지인 '예수님이 (하나님이 세우신 참된) 주님이시다'라는 메시지는 로마 황제가 '세상의 주'라고 선언하는 로마 제국의 복음과 충돌했다.

영생 영생(헬, '조에 아이오니온')은 한자어의 단순한 의미처럼 그저 '생명이 길게 계속되는 것'이 아니라 **영원한 시대에 속한 삶**을 의미한다. 영원한 시대('아이오니온')란 시간의 길이가 길다는 것이 아니라 하나님의 직접 통치가 이루어지는 질적인 새로움의 시대, 새로운 창조의 시대다. 영생은 세례를 통해 거듭나서 성령님을 선물로 받은 사람에게 가능하게 된 새로운 삶의 방식이며, 생명의 근원이신 삼위일체 하나님과의 친밀한 사귐과 동행의 삶이다. 신자들은 지금 성령의 내주하심으로 인해 영생을 이미 살기 시작했다. 이 영생은 장차 완성될 하나님 나라를 미리 맛보는 것이며, 모든 사람이 겪게 되는 몸의 죽음과 상관없이 장차 몸의 부활 이후의 삶으로 연결되는 삶이다.

육체와 몸 육체(헬, '사르크스', flesh)와 몸(헬, '소마', body)은 성경 안에서도 때로 비슷한 의미로 혼용되지만, 바울의 로마서에서는 확실히 구별되어 쓰인다. 로마서에서 '육체'란 **죄와 단단히 결합한 상태의 몸**으로 이해하는 것이 좋다. 반면, '몸'은 가치 중립적인 용어로서 우리의 **생물학적인 몸**으로 보면 된다. 죄가 추방되고 성령이 내주하신 다음에도, 몸은 오랫동안 '죄'(Sin, 단수 명사로서 죄의 세력을 의인화한 바울의 표현)와 결합되어 있었기에, 여전히 죄를 따르는 습관, 즉 육체의 습관들(patterns)을 가지고 있다. 뇌 과학적으로 말하면, 우리 뇌에 오래 형성되어 온 신경 세포들의 연결 패턴들이 존재하는 것이다. 그래서 바울 사도는 신자들에게, 몸에 새겨진 육체의 옛 습관을 깨뜨리고 성령님과 함께 동행하는 새로운 몸의 습관들을 형성하라고 강권한다.

율법 신약성경에 나오는 율법이라는 단어는 유대인의 **토라** 즉, **모세오경**을 의미하는 것으로 이해해야 한다. 율법은 추상적인 자연 법칙이나 도덕 법칙이 아니라 유대인들이 하나님과 맺은 언약의 결과로 받은, 언약을 신실하게 유지하는 방법을 담은 책을 의미한다. 그 책이 바로 토라이며, 그것을 헬라어로 번역한 말이 '율법'('호 노모스', the Law)이다. 예수님은 율법을 폐하지 않고 완성하려 하신다고 말씀하셨고, 자신이 하나님이 보내신 메시아로서 율법을 권위 있게 해석하는 분임을 나타내셨다. 사도들이 유대인에게 복음을 전할 때는 율법이 아닌 예수님이 하나님이 정하신 구원의 방편임을 강조했다.

은혜와 은사 하나님의 은혜(헬, '카리스', grace)는 하나님이 **값없이 베풀어 주시는 호의**(good favor)를 말한다. 교회에서 일상적으로 '마음의 감동, 감화'와 비슷한 의미로 사용하기도 하지만, 성경에서는 그런 의미로 쓰이지 않는다. 은사(헬, '카리스마', gift)는 **은혜로 베풀어 주는 선물**을 의미한다. 성령의 은사들은 성령님이 각 사람에게 값없이 나누어 주시는 선물들로, 예언, 섬김, 가르침, 위로, 구제, 다스림, 긍휼, 병 고침, 방언, 방언 통역 등이 있다(참고. 롬 12:6-8; 고전 12:8-10, 28-30; 엡 4:11; 벧전 4:10-11). 은사를 주시는 목적은 교회 공동체의 유익을 위한 것이다(고전 12:7).

죄 구약성경에서 죄와 관련된 가장 중요한 히브리어 단어 세 가지는 '하타'(죄: 빗나감, 실패), '아본'(죄악: 구부림, 악함), '페샤'(범죄: 반역)이다. 신약성경에서 죄는 헬라어 단어로 '하마르티아'(죄: 빗나감, 실패), '파라프토마'(허물: 넘어짐, 실수), '파라바시스'(범죄: 경계를 넘어감, 위반) 등으로 나온다. 죄를 이해하는 데 단어의 어원 분석은 그 단어가 지닌 배경 그림과 뉘앙스를 떠올리는 정도로만 활용하는 것이 좋다.

성경 자체는 너무나 일상적인 용어인 죄에 대한 명확한 '정의'를 제시하지 않는다. 그러나 실용적 목적을 위해 잠정적으로 죄를 정의해 둘 필요가 있다. 가장 많이 사용되는 죄의 정의는 **율법을 어기는 것**이다. 단순 명료해 보이지만 이 정의만으로는 성경 본문을 이해하는 데 한계가 있다. 그래서 두 번째로 사용할 수 있는 정의는 죄를 의의 반대 개념으로 보는 것이다. 구약성경 학자들에 의하면 의(히, '체다카', '체데크')는 '관계에서 발생하는 의무에 합당하게 행하는 것'과 관련된 말이다. 더 간단히 말하면, 의란 **언약에 대한 신실함**이다. 이와 반대로 죄란 **언약에 대해 불성실함, 언약을 깨뜨리는 행위**로 이해할 수 있다. 사람들 사이에서는, **관계에서 발생하는 마땅한 의무를 저버리는 것**을 죄라고 정의할 수 있다. 죄는 성경에서 보통 복수(sins)로 나오는데, 로마서에서 바울은 특별히 죄를 단수(Sin)로 표현하고 의인화하여 '죄짓도록 얽매는 힘'이라는 의미로 사용한다.

죄 사함 '죄 사함'은 죄 용서로도 번역되는데 문자적으로는 **죄들로부터 풀어 줌**, 즉 죄들이 낳은 비참한 상태로부터 벗어나게 해 주는 것을 의미한다. 우리가 일상에서 '용서'라는 말을 사용할 때와 성경에서 '사함/용서'라는 단어가 나올 때 단어가 가진 배경 그림을 유의해야 한다. 사함이라는 헬라어 '아페시스'는 '용서', 빚의 '면제', '탕감'이라는 말로 번역되는데 핵심 의미는 '해방'이다.

이에 대응하는 구약성경 히브리어 동사는 '가알'(해방하다)이다. 가알과 관련된 여러 우리말 용어들의 의미를 정리해 두는 것도 유익하다. **구속**이라는 말은 묶인 것을 **풀어 구해 낸다는 말**이다. **속량**이라는 말은 **노예 상태에서 풀어 주어 양민(자유인)이 되게 한다**는 말이다. 가알 동사의 명사형은 '고엘'인데, 이 말은 희년 제도의 **기업 무를 자**로 번역되기도 하고 **해방하는 자** 즉, **구원자**(savior)로도 번역된다. 예수님은 자기 목숨을 많은 사람들의 **대속물**(헬, '뤼트론', ransom)로 주시겠다고 하셨는데(막 10:45), 이 '대속물'은 **노예 해방의 대가로 지불하는 값**을 말한다.

성경 본문 속에서 죄 사함은 세 가지 내용으로 나타난다. 첫째로는 회개하고 예수님께 나오는 자들에게 하나님이 일방적으로 죄 용서를 선언하시며 하나님의 자녀로 받아 주시는 것이며(사 40:1-2; 44:21-22; 마 5:16), 둘째로는 죄들의 결과로 초래된 비참한 상황으로부터 구출하고(마 1:21) 해방하시는 것이고, 셋째로는 한 걸음 더 나아가, 각 사람 안에 성령님이 내주하시면서 그 사람의 마음을 치료하심으로써(렘 31:31-34; 요 7:38-39) 죄의 세력으로부터 해방하시는 것이다(롬 8:3).

회개 하나님은 죄 사함의 유일한 조건으로 회개를 요구하신다. 회개는 '가던 길을 돌이키다'(히, '슈브'), 또는 '생각을 고쳐먹다'(헬, '메타노에오')로 표현되는데, 한마디로 **하나님께로 돌아오는 것**이다. 즉, 자기의 방식을 고집하지 않고 용서를 베푸시는 하나님의 방식을 받아들이는 것이 회개다. 하나님이 주시는 죄 사함의 선물을 받는 조건은 오직 하나, 선물을 주는 분에게 나아오는 것이다. 그러므로 하나님의 죄 사함에는 아무런 조건이 없다. 회개는 '잘못을 뉘우침'을 의미하는 '참회', '통회'와는 비슷하지만 다른 말이다, 회개는 뉘우침의 감정을 강조하는 것이 아니라, 돌이키는 행위를 강조한다. 흔히 '회개 기도를 한다'고 말할 때, 그것이 죄를 뉘우치며 고백하는 기도를 의미한다면, 참회 기도라는 말을 사용하는 것이 더 정확하다.

주

들어가는 말

1 하나님 나라 복음의 프레임을 가지고 기존의 복음 전도 도구를 바꾸어 보려고 시도한 최초의 자료는 아마도 미국 MIT의 IVF 간사였던 한국인 2세 제임스 정(James Choung)이 개발한 『냅킨 전도』(*True Story*, 이지혜 옮김, IVP, 2009)일 것이다.

2 노종문, "거인들에게 배우는 제자훈련", 한국교회탐구센터 편집, 『한국 교회 제자훈련 미래 전망 보고서』(한국교회탐구센터, IVP, 2016), pp. 193-230.

3 당시 유사한 주제를 다루는 최고의 책은 달라스 윌라드의 『하나님의 모략』(*The Divine Conspiracy: Rediscovering Our Hidden Life In God*, 윤종석 옮김, 복있는사람, 2000)이었지만, 철학자인 저자의 성서 해석에 최근 신약성서학 분야의 신선한 통찰들이 반영되지 못한 아쉬움이 있었다. 그러나 윌라드는 헬라어에 능통한 철학자로서 성서학자들과는 다른 측면에서 많은 강점을 지닌 해석을 보여 주었다.

4 세미나의 내용은 유튜브(https://www.youtube.com/@kog8779, "하나님 나라 복음과 제자도")에 공개해 두었고, 그 내용을 요약한 자료는 이 책의 부록 3 "하나님의 원대한 계획"에 실었다.

5 주류 성서학자들의 주석이나 책은 역사적 접근법을 취하므로 성경의 내용 중에 개연성이 높은 최소한의 것만을 제시하려고 하는 경향이 있다. 그래서 예수님과 사도들 사이에 상당한 간극이 있다고 전제하고 상호 관련성을 말

하는 데는 소극적이다.

1부 하나님 나라 복음이란 무엇인가

1장 왜 하나님 나라 복음이 필요한가

1   이와 관련된 신학적 논란을 다룬 책으로는 데이비드 웬햄, 『바울: 예수의 추종자인가 기독교의 창시자인가?』(*Paul: Follower of Jesus or Founder of Christianity?*, 박문재 옮김, 크리스챤다이제스트, 2002)가 있다.
2   여기서 개신교 복음주의 교회란 신학적으로 보수적이며, 20세기 동안 전도와 세계 선교에 열심을 내어 전 세계에서 활발하게 성장했고, 1974년 로잔 운동의 흐름에 동참했던 교회와 선교 단체를 말한다.
3   대표적인 사례로는 CCC의 「사영리」, 네비게이토선교회의 「다리 예화」 등이 있다.
4   패트릭 존스턴, 『세계 교회의 미래』(*The Future of the Global Church: History, Trends and Possibilities*, 정옥배 외 옮김, IVP, 2013), p. 151.
5   Phillip Connor, "6 Facts about South Korea's Growing Christian Population", *Pew Research Center*, 2014. 8. 12.
6   '나라'(kingdom)의 헬라어는 '바실레이아'인데, '왕(바실류스)의 통치'(kingship)라는 의미를 지닌다. 히브리어도 동일한데, '말쿠트'(왕국, 통치)라는 단어는 '왕(멜렉)의 다스림'을 의미한다. 둘 다 '왕국'이라는 공간적 의미보다 좀 더 포괄적 의미를 지닌 말이다.
7   복음주의자들은 1974년 로잔대회 이후 우리가 전했던 복음의 문제점을 인식했고, 이후로 많은 사람들이 온전한 복음을 찾기 위해 예수님의 하나님 나라 사상에 더 관심을 갖게 되었다.
8   묵시주의는 선과 악의 극한 대립, 점점 악해지는 세상, 최후에 급격한 변화를 통한 선의 승리라는 특징을 띠는 극단적인 세계관인데, 19-20세기의 일부 연구자들은 이런 묵시적 세계관이 예수님의 세계관이라고 주장했다. 그러나 1990년대 이후 묵시문학에 대한 연구들은 과거 독일 신학자들이 생각한

종류의 묵시주의가 1세기 유대인이나 예수님의 '세계관'이 아니었으며, 묵시문학은 독특한 하나의 문학 양식으로서 정치적 저항이나 억압받는 공동체의 소망을 담은 것임을 드러내었다. 그러므로 예수님이 세상의 갑작스러운 파국을 예고한 '묵시적' 예언자라는 생각(슈바이처로 대표되는)은 현대인의 관점으로 묵시문학을 잘못 읽은 것이라는 비판이 제기되고 있다. 이와 관련된 전문적 논의와 자료는 톰 라이트, 『역사와 종말론』(*History and Eschatology*, 송일 옮김, IVP, 2022), 4장 "세상의 종말?"에 소개된 것들을 보라.

2장 예수님이 선포하신 성취의 복음

1 메시아(히, '메쉬아흐')는 '기름 부음을 받은 자'를 의미하며, 이 단어의 헬라어 번역이 '그리스도'(헬, '크리스토스')이다. 예수님 당시에 메시아란 말은 '하나님이 기름 부어 세우신 (장차 오실) 이스라엘의 참된 왕' 정도의 의미를 지녔다.

2 부록 1. "하나님 나라 복음과 치유"를 참조하라.

3장 예수님이 선포하신 해방의 복음 1: 죄 사함

1 H. A. G. Blocher, "죄", 데스몬드 알렉산더 외 엮음, 『IVP 성경신학사전』(*New Dictionary of Biblical Theology*, 권연경 외 옮김, IVP, 2004), pp. 1053-1062.

2 "하나님의 '체다카' 또는 '체데크'는 하나님의 계약에 따라 율법을 지킨다는 것이다. 그러나 일단 이렇게 말한 이상 계속해서 독자들에게 이것을 로마의 법률 사상과 유사하게 단순히 일종의 분배적 정의(*iustitia distributa*)로 생각하지 말도록 경고해 두어야겠다. 히브리적 사고에서는 객관적인 기준에 따라 분류될 수 있고 따라서 의라는 보편적인 개념을 전제하고 있는 추상적인 형식적 개념과 같은 것이 존재하지 않았다.…천재적인 통찰력을 가지고 크레머(H. Cremer)는 이 점을 깨달았고 체데크를 두 사람 간의 실제적인 관계를 가리키는 관계적 개념으로서 그러한 관계로부터 생기는 권리 주장들에 합치하는 행위를 함축하고 있는 개념으로 서술하였다." 발터 아이히로트, 『구약성

서신학 I』(*Theologie des Alten Testaments*, 박문재 옮김, 크리스챤다이제스트, 1998). pp. 254-255.

2부 예수님의 하나님 나라 가르침

5장 예수님의 하나님 나라 비전과 제자 공동체

1   행위 예언이란 하나님이 예언자에게 상징적인 행위를 하게 하심으로써 예언자의 그 행위나 예언자 자신이 하나님 말씀을 전달하는 살아 있는 매체가 되게 하신 예언 방식이다. 예언자 아히야는 자기 옷을 열두 조각으로 찢어 여로보암에게 열 조각을 주면서 그가 열 지파를 통치할 왕이 되리라는 예언을 하였다(왕상 11:29-40). 호세아는 하나님과의 관계에서 이스라엘의 음란함을 폭로하기 위해 음란한 여인과 결혼하라는 하나님의 명령을 받았다(호 1:2-9). 예레미야는 하나님의 명령에 따라 목에 멍에를 만들어 메고 다녔고 주변 왕들에게도 그 멍에를 보냈는데 유다와 주변 나라들이 바빌로니아에 의해 포로 될 것을 예언하기 위해서였다(렘 27-29장). 그 외에도 다양한 사례들이 있다(사 20장; 렘 19장; 렘 43:8-13; 겔 4장; 5장; 12:1-20; 24:15-24; 슥 6:9-15; 거짓 예언자의 사례는 왕상 22:11; 대하 18:10; 렘 22:10-11).

2   지난 세기에 성서학자들은 19세기까지 유대교 신앙을 단순한 행위 구원론이나 공로주의 신앙으로 이해했던 이론을 뒤엎고, 1세기 유대교의 신앙이 단순한 '율법주의'가 아니라 은혜의 언약 신앙이었음을 밝혔다. 이는 오래된 고정관념을 바로잡고 고대 유대교 이해의 패러다임을 변화시킨 정당한 주장이다. 이런 발견에 따라 조정을 해야 하지만, 그럼에도 우리는 예수님의 하나님 나라가 당시의 유대교를 속에서부터 근본적으로 갱신하는 것임을 인식해야 한다. 말하자면, 예수님은 옛 언약 지속론자가 아니었고 예레미야, 에스겔, 이사야 등 예언자들을 계승한 새 언약론자였다.

6장 예수님의 하나님 나라 가르침 1 : 씨 뿌리는 자의 비유

1   좀 더 묵상해 보면, 하나님 나라에 대한 예수님의 말씀을 듣고 그것을 더 알

고자 추구하며 예수님을 따르는 과정이 없으면 하나님 나라에 관한 지식 자체는 듣는 이에게 아무런 유익을 주지 못한다. 예수님의 말씀을 듣고 그것의 온전한 의미를 알고자 제자들처럼 예수님을 따라가 그 의미를 캐물을 때, 그리고 궁극적으로는 예수님의 제자가 되어 그 말씀대로 살아갈 때, 그만큼 하나님 나라의 비밀이 그들에게 드러난다.

2 바울의 로마서 6-8장도 하나님이 어떻게 우리를 예수님의 십자가와 부활에 연합하게 하심으로써, 바로 이 두 가지 원수인 죄(6:6-7; 8:3-4)와 사탄(8:33-39)을 극복하게 하셨는지를 설명해 준다. 자세한 내용은 8장을 참조하라.

7장 예수님의 하나님 나라 가르침 2: 종말 설교

1 이 책에서는 성전(헬, '히에론', temple)과 성소(헬, '나오스', holy place)를 구별해서 번역한다. 성전은 하나님이 임재하시는 건물인 성소를 포함하여 그것을 둘러싼 마당과 외부의 벽들까지 포함한 전체를 가리킨다.

2 이후 예수님의 이 말씀에 대한 사도들의 해석이 바울 서신에 좀 더 자세히 나타난다. 즉, 복음을 믿고 세례를 받는 사람은 성소이신 예수님 안으로 들어오고(롬 6:3), 예수님 안에서 새로운 피조물로 창조되며(고후 5:17), 예수님 안에서 그분을 머리로 하는 몸(헬, '소마')인 교회를 이룬다(엡 1:22-23). 교회는 예수님과 연합한 몸으로서(행 9:4-5) 하나님이 지상에 머무시는 성소가 된다(고전 3:16).

3 '떨림'과 '굶주림'은 단순히 자연재해라기보다는 구약성경에서 종종 언급되듯이 전쟁에 동반하는 재앙들로 볼 수 있다. 떨림(헬, '세이스모스')은 지진이라기보다는 전쟁 소식에 두려워 떠는 것을 말하며(참고. 출 15:14-16; 신 2:25; 삼상 14:15), 굶주림은 자연재해로 인한 기근이 아니라 성이 포위되어 먹을 것이 없어진 상태를 말한다(참고. 왕하 6:24-30; 25:1-3).

4 이 본문을 두고 예수님의 예언이 성취되지 못한 것이라고 주장하는 사람들이 있었다. 원문을 그대로 번역하면 "이 일들이 일어나기 전에는 결코 이 세대가 지나가지 않으리라"이다. 여기서 헬라어 동사 '게네타이'는 '발생하다'라는 의미이지만 발생한 모든 사건이 '완료'된다는 의미를 포함하는 것은 아

니다. 한 세대 안에 이런 일들이 모두 일어나기 시작할 것이라는 예언으로도 이해할 수 있다.

5 마가복음 13:14-20만 보면 이 말씀이 성전 파괴에 관한 예언인지가 분명하지 않다. 그러나 병행 구절인 누가복음 21:20-24에서는 (로마 군대에 의해) 예루살렘이 포위되었던 사건을 가리킨 것임이 좀 더 분명히 드러난다. 학자들은 이런 비교 관찰을 근거로 마가복음과 마태복음은 주후 70년 로마 군대가 예루살렘을 포위하고 성전을 파괴했던 전쟁 이전에, 누가복음은 70년 이후에 쓰인 것으로 보기도 한다.

6 여기서는 믿음이라는 말을 가르침과 교사에 대한 믿음이라는 의미로 사용한다. 그런데 진짜로 중요한 구원받게 하는 **믿음**은 교리나 교사에 대한 믿음이 아니라, 예수님과 하나님 아버지에 대한 믿음, 즉 **신뢰와 의탁**이다. 복음을 믿는다는 말도 복음의 명제나 교리 자체가 아니라 복음이 계시하고 가리키는 예수님과 하나님 아버지를 믿는 것에 무게 중심이 있다.

7 신중한 믿음을 높게 평가하는 좋은 사례는 열린 마음으로 경청하되 성경 내용을 잘 살펴보았던 베뢰아인들의 경우다(행 17:11). 영에 사로잡힌 예언자가 주는 말도 반드시 복음에 비추어 분별해야 한다(요일 4:1-3).

8장 하나님 나라 복음과 십자가 복음

1 예수님의 복음 전도 설교의 예는 눅 4:16-22이다. 사도행전에는 사도들과 전도자들의 복음 전도 설교가 풍부하게 기록되어 있다. 다음 본문들을 살펴보라. 베드로: 2:24-41; 3:12-26; 4:8-12; 5:29-32; 5:42; 10:34-43; 스데반: 7:2-53, 56; 빌립: 8:4-5, 12, 35; 바울: 9:20, 22; 13:16-41; 14:15-17; 16:31-32; 17:2-3; 17:22-31; 19:2-12; 24:25; 26:2-23; 28:23-31. 선입견을 내려놓고 독자들이 스스로 이들의 전도 설교 메시지가 오늘날 우리가 교회에서 흔히 듣는 전도 설교와는 어떻게 다른지 비교해 보라.

2 1세기에 존재한 유대교의 한 분파인 쿰란 공동체에는 물로 정화하는 의식이 있었고, 1세기 말에 유대교로 개종하는 이방인에게 세례를 주는 경우가 있었지만, 요한의 세례는 전자와 달리 반복되지 않는 일회적인 의식이며, 후자와

달리 유대인만을 대상으로 주어졌다. 로버트 스타인, 『메시아 예수』(*Jesus the Messiah*, 황영철 옮김, IVP, 2001), p. 107.
3 하나님의 포괄적 구속 사건으로서 출애굽 사건의 여러 측면을 연구한 자료는 크리스토퍼 라이트, 『하나님의 선교』(*Mission of God*, 정옥배 외 옮김, IVP, 2010), 8장 "하나님의 구속 모델: 출애굽"이 있다.

9장 하나님 나라 복음과 부활

1 존 스토트, 『성경의 권위』(*Authority of the Bible*, IVP, 2011).
2 앤터니 플루, 게리 하버마스, 『부활 논쟁』(*Did the Resurrection Happen?*, 최효은 옮김, IVP, 2012); N. T. 라이트, 『하나님의 아들의 부활』(*The Resurrection of the Son of God*, 박문재 옮김, 크리스챤다이제스트, 2005).
3 요한계시록 20:11-15을 보면 '바다와 죽음과 음부(하데스)가 죽은 자들을 내주고 그들이 흰 보좌 앞에 나와 심판을 받게 된다.' 죽은 자들이 심판을 받기 위해 심판장 앞에 나올 때 그들은 몸의 부활을 경험한 것같이 보이지는 않는다. 그들은 행위대로 심판을 받고 악인은 불 못(게헨나)에 던져진다. 몸의 부활은 부활의 첫 열매이신 예수님 안에 있는 자들만이 경험하는 복이다.

3부 하나님 나라 복음의 실천

10장 하나님 나라 복음과 제자도

1 그런데 예수님의 명령들을 추출하려고 복음서를 찬찬히 읽어 보면, 예수님의 명령들과 가르침들이 분리할 수 없을 만큼 밀접히 결합되어 있음을 발견하게 된다. 그러므로 엄밀한 의미에서 '명령들'은 직접적인 명령들뿐 아니라, 예수님의 가르침(세계관과 사상)과 그 결과로 나타나야 할 제자들의 삶의 모습까지 포함한다고 보아야 한다.
2 산상수훈(마 5-7장), 파송 설교(마 10장), 비유 설교(마 13장), 교회 설교(마 18장), 종말 설교(마 24-25장).
3 "반면에 단단한 음식은 완전히 자란 어른들의 것입니다. 그들은 거듭된 연습

을 통해서 좋은 것과 나쁜 것을 구별할 정도로 훈련된 감각을 가지고 있습니다"(히 5:14, 새한글성경).

11장 하나님 나라 복음과 산상수훈 실천하기

1 산상수훈이란 '산 위에서 베풀어 주신 가르침'이라는 뜻으로, 마태복음 5-7장에 나오는 말씀들이다.
2 세계관이 드러나게 만드는 질문들은 다음과 같다. "진정으로 참된 최고의 실재는 무엇인가?", "외부의 실재, 즉 우리를 둘러싼 세계의 본질은 무엇인가?", "인간은 무엇인가?", "인간이 죽으면 어떤 일이 일어나는가?", "지식이 가능한 까닭은 무엇인가?", "무엇이 옳고 무엇이 그른지 어떻게 알 수 있는가?", "인간 역사의 의미는 무엇인가?" 이런 질문들은 평소에는 의식하지 못하는 세계관을 인식할 수 있도록 돕는다. 이 질문들은 여러 세계관을 비교하면서 기독교 세계관을 설명하는, 제임스 사이어, 『기독교 세계관과 현대사상』(*The Universe Next Door: A Basic Worldview Catalog*, 김헌수 옮김, IVP, 2007), pp. 26-27에서 가져왔다.
3 산상수훈과 관련된 추천할 만한 참고 자료로는 스캇 맥나이트, 『산상수훈』(*Sermon on the Mount*, 최현만 옮김, 에클레시아북스, 2016)과 존 스토트, 『존 스토트의 산상수훈』(*Christian Counter-Culture*, 정옥배 옮김, 생명의말씀사, 2011), 달라스 윌라드, 『하나님의 모략』이 있다. 또한 산상수훈을 본격적으로 공부하고 실천하고자 하는 소모임을 위해서 필자가 쓴 다음 글들을 참조하라. 노종문, "우리가 배우고 지켜야 할 공동체적 실천, 산상수훈", 「복음과상황」, 통권 401호: 2024. 04, pp. 116-129와 "산상수훈은 약속, 희망, 기쁨이다" 「복음과상황」, 통권 402호: 2024. 05, pp. 72-85.

12장 하나님 나라 복음과 기도

1 6장 "예수님의 하나님 나라 가르침: 씨 뿌리는 자의 비유"를 참조하라.
2 이와 유사한 기도로서 다음 기도들도 참조하라. 스 9:6-15; 느 1:5-11; 9:6-38.

3   신약성경에 나오는 중요한 기도들을 뽑아서 해설한 자료로는 톰 라이트, 『모든 사람을 위한 신약의 기도』(New Testament Prayer for Everyone, 백지윤 옮김, IVP, 2017)가 있다.
4   『기독교 강요』, III.xx.48.
5   단 한 번만 예외가 있는데, 십자가 위에서 시편 22편의 말로 드리신 "나의 하나님,…"으로 시작하는 기도다. 이것은 시편의 첫 부분을 그대로 인용하신 것이라는 점에서 예외적이다.
6   요아킴 예레미아스, 『신약신학』(New Testaments Theology, 정광욱 옮김, 엠마오, 1992), pp. 100-106.
7   "예수님의 눈에는 하나님의 자녀가 되는 것이 창조의 선물이 아니라 구원의 종말론적인 선물이다. 하나님의 왕적인 통치하에 속하는 사람만이 하나님을 '아바'라 부를 가능성이 있다." 예레미아스, 위의 책, p. 258.
8   주기도의 세부 사항에 대한 해설은 김영봉, 『가장 위험한 기도, 주기도』(IVP, 2013), 스탠리 하우어워스, 『주여, 기도를 가르쳐 주소서』(Lord Teach Us, 이종태 옮김, 복있는사람, 2006), 톰 라이트, 『주기도와 하나님 나라』(The Lord and His Prayer, 전의우 옮김, IVP, 2014) 등을 참조하라.
9   이러한 훈련에 대한 안내는 달라스 윌라드, 『하나님의 음성』(윤종석 옮김, IVP, 2016)에 잘 나와 있다.
10 헨리 나우웬, 『꼭 필요한 것 한 가지, 기도의 삶』(The only necessary thing: living a prayerful life, 윤종석 옮김, 복있는사람, 2008), "장애물".

13장 하나님 나라 복음과 전도

1   이런 전도 방식에는 지난 세기의 주류를 이루었던 모더니즘적 인간관이 반영되어 있다. 모더니즘 인간관에서는 개인의 고유성과 관계성이 무시되는 경향이 있다.
2   사도행전에 나오는 사도들의 설교 본문은 8장 주 1을 참조하라.
3   릭 리처드슨, 『스타벅스 세대를 위한 전도』(Reimagining Evangelism: Inviting Friends os a Spiritual Journey, 노종문 옮김, IVP, 2008), 3장 "공

동체를 통한 복음 증거" 참조. 유사한 전도 방식이 오늘날 '가정 교회 운동'에 서도 이루어지고 있다.

14장 하나님 나라 복음과 소명

1   최근에 두 왕국 모델을 강력하게 옹호하는 입장은 미국 웨스트민스터 신학교 교수인 데이비드 반 드루넨의 책들을 통해 소개되었다. 『하나님의 두 나라 국민으로 살아가기』(Living in God's Two Kingdoms: a Biblical Vision for Christianity and Culture, 윤석인 옮김, 부흥과개혁사, 2012)와 『자연법과 두 나라』(Natural Law and the Two Kingdoms: A Study in the Development of Reformed Social Thought, 김남국 옮김, 부흥과개혁사, 2018) 참조.
2   문화와 기독교의 관계 유형을 소개하고 최근의 평가들을 일목요연하게 요약한 자료로서는 팀 켈러, 『팀 켈러의 센터처치』(Center Church, 오종향 옮김, 두란노, 2016)의 pp. 408-508 부분이 추천할 만하다.
3   팀 켈러, 『팀 켈러의 센터처치』, p, 494.
4   정재영, "'2023년 한국 교회의 사회적 신뢰도 여론 조사' 결과가 의미하는 것", 「좋은나무」, 2023. 3. 9 (https://cemk.org/29637/).

부록 1 하나님 나라 복음과 치유

1   예수님께 나와 치유를 받은 모든 사람이 믿음을 가진 제자가 되었는지는 확인할 수 없다. 그러나 예수님께 나온 모든 사람이 치유와 은혜를 입은 것은 하나님의 은혜가 풍성히 넘쳐흘러 참된 하나님 백성에게 가까이 온 사람들까지도 그 혜택을 얻게 됨을 보여 준다.

부록 2 하나님 나라 복음과 거듭남

1   윌리엄 제임스, 『종교적 경험의 다양성』(The Varieties of Religious experience, 김재영 옮김, 한길사, 1999).
2   윌리엄 제임스, 같은 책, pp. 269-270.

3   윌리엄 제임스, 같은 책, pp. 310-313.
4   윌리엄 제임스, 같은 책, pp. 333-335.
5   그레엄 골즈워디, "중생", 데스몬드 알렉산더 외 엮음, 『IVP 성경신학사전』 (IVP, 2004), pp. 1072-1075.
6   복음이 가져온 새로운 정체성에만 초점을 맞추고 살게 되면, 옛 정체성과 결합되었던 모든 것, 예를 들면, 재산, 신분, 학벌, 경험, 나이, 성별 등은 포기하거나 상대화하여 사랑의 섬김을 위한 단순한 도구로 사용하게 된다.

하나님 나라 복음과 제자도

초판 발행_ 2024년 10월 8일

지은이_ 노종문
펴낸이_ 정모세

펴낸곳_ 한국기독학생회출판부
등록번호_ 제2001-000198호(1978.6.1)
주소_ 04031 서울시 마포구 동교로 156-10
대표 전화_ (02)337-2257 팩스_ (02)337-2258
영업 전화_ (02)338-2282 팩스_ 080-915-1515
홈페이지_ http://www.ivp.co.kr 이메일_ ivp@ivp.co.kr
ISBN 978-89-328-2287-7

ⓒ 노종문 2024

책값은 뒤표지에 있습니다.
무단 전재와 복제를 금합니다.